Klett

10-Minuten-Training

Mathematik

Rechnen mit Dezimalbrüchen

6. Klasse

Kleine Lernportionen für jeden Tag

Heike Homrighausen

Klett Lerntraining

Bibliografische Information der Deutschen Nationalbibliothek
Die Deutsche Nationalbibliothek verzeichnet diese Publikation in der Deutschen Nationalbibliografie; detaillierte bibliografische Daten sind im Internet über http://dnb.dnb.de abrufbar.

5. Auflage 2026

www.klett-lerntraining.de/kontakt

Umschlagfotos: www.thomas-weccard.de; Getty Images, München (Spauln)
Satz und grafische Zeichnungen: DTP-studio Andrea Eckhardt, Göppingen
Druck: Multiprint Ltd., Kostinbrod
Printed in Bulgaria
ISBN 978-3-12-927584-9

Inhaltsverzeichnis

Vorwort

Hallo!

Wie ist das bei dir? Du blickst bei den Dezimalbrüchen (Dezimalzahlen) nicht so richtig durch? Und du weißt gar nicht, wie du üben sollst?

Keine Sorge: Du kannst das Rechnen mit Dezimalbrüchen in diesem Heft super üben!

Unser Tipp: Lerne nicht alles an einem Tag. Übe lieber jeden Tag **10 Minuten**!
Das geht superschnell und du übst trotzdem intensiver als sonst.

1 In diesem Heft findest du viele Übungen, mit denen du das Rechnen mit Dezimalbrüchen trainieren kannst.

Die kleine Stoppuhr erinnert dich daran: besser kleine Lernportionen!

Tipp Hier bekommst du wichtige Tipps zu den Übungen.

★☆ Leichtere Übungen haben einen Stern ★☆ und etwas schwerere Übungen haben zwei Sterne ★★. Beginne am besten mit den leichteren!

Hinten im Buch findest du die Lösungen zu den Übungen.

Wir wünschen dir viel Erfolg!

Deine Klett Lerntraining Redaktion

1 Dezimalbrüche (Dezimalzahlen)

Was sind Dezimalbrüche?

Tipp

Gebrochene Zahlen können als Brüche (mit Zähler und Nenner) geschrieben werden oder auch in Dezimalschreibweise mit Komma, z. B. 0,5; 1,23; 19,99.

Vor dem Komma stehen die Ganzen, hinter dem Komma die Teile eines Ganzen. Die erste Ziffer rechts vom Komma hat den Wert Zehntel $\left(\frac{1}{10}\right)$, die zweite Ziffer Hundertstel $\left(\frac{1}{100}\right)$, die dritte Ziffer Tausendstel $\left(\frac{1}{1000}\right)$ usw.
Deshalb heißen die Zahlen in Dezimalschreibweise kurz Dezimalbrüche (oder auch Dezimalzahlen).

Die Ganzen werden als eine Zahl gelesen, die Ziffern nach dem Komma einzeln aufgezählt.

Beispiele: 0,23 null Komma zwei drei
25,31 fünfundzwanzig Komma null drei eins

Beachte:
Wenn man an einen Dezimalbruch rechts Nullen anhängt, ändert sich der Wert nicht, z. B. 0,2 = 0,20 = 0,200 oder 0,37 = 0,370 = 0,3700.

1  **Schreibe als Dezimalbruch.**

a) zwei Komma null fünf ______

b) dreißig Komma sieben null neun ______

c) hundertfünf Komma vier neun ______

d) null Komma null drei acht ______

2  **Lies den Dezimalbruch und verbinde.**

a) zwei Komma null sechs
b) zweiundzwanzig Komma null sechs
c) null Komma zwei sechs
d) null Komma zwei null sechs

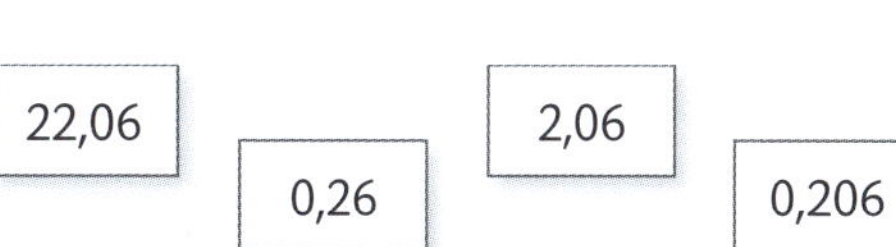

Dezimalbrüche in Brüche umwandeln

Tipp

So kannst du einen Dezimalbruch in einen Bruch umwandeln

Möglichkeit 1:
Trage den Dezimalbruch in eine Stellenwerttafel ein. Die letzte Ziffer (außer null) rechts gibt den Nenner des Bruches an.

Hunderter	Zehner	Einer	Komma	Zehntel	Hunderstel	Tausendstel	
H	Z	E		$\frac{1}{10}$	$\frac{1}{100}$	$\frac{1}{1000}$	
		0	,	1			$0{,}1 = \frac{1}{10}$
	1	2	,	0	6		$12{,}06 = \frac{1206}{100}$
		0	,	0	2	3	$0{,}023 = \frac{23}{1000}$

Möglichkeit 2:
1. Zähle die Stellen nach dem Komma. Zwei Stellen nach dem Komma bedeutet Hundertstel.
2. Schreibe die Zahl ohne Komma in den Zähler, im Nenner steht 100.
3. Kürze den Bruch vollständig.

Beispiel: 1,12

$1{,}\underbrace{12}$

$= \frac{112}{100}$

$= \frac{28}{25}$

Merke: Zwei Stellen, zwei Nullen im Nenner!

3  **Schreibe als Bruch.**

a) 0,101 = ________ b) 0,99 = ________

c) 0,007 = ________ d) 1,237 = ________

e) 0,07 = ________ f) 1,3 = ________

g) 0,093 = ________ h) 13,03 = ________

Schreibe als Bruch. Kürze dann den Bruch vollständig.

a) 0,8 = ____________________

b) 1,5 = ____________________

c) 5,2 = ____________________

d) 0,04 = ____________________

e) 0,56 = ____________________

f) 2,34 = ____________________

g) 15,05 = ____________________

h) 0,025 = ____________________

Trage die Zahlen in die Stellenwerttafel ein und schreibe sie als Summe bzw. schreibe umgekehrt die Summen als Dezimalbruch in Kommaschreibweise.

Summenschreibweise	H	Z	E	$\frac{1}{10}$	$\frac{1}{100}$	$\frac{1}{1000}$	$\frac{1}{10\,000}$	Dezimalbruch
$140 + \frac{3}{10} + \frac{8}{1000}$	1	4	0	3	0	8		140,308
$56 + \frac{7}{10} + \frac{4}{100} + \frac{1}{1000}$								
								9,5788
$981 + \frac{2}{100} + \frac{6}{10\,000}$								
								767,006
$\frac{1}{10} + \frac{9}{100} + \frac{6}{1000}$								
								27,0543
								0,6801

Brüche in Dezimalbrüche umwandeln

Tipp

So kannst du einen Bruch in einen Dezimalbruch umwandeln

Fall 1: Der Bruch hat im Nenner 10, 100, 1000, ... stehen.

1. Schreibe den Zähler als Zahl.
2. Zähle die Nullen im Nenner. Zähle bei der Zahl von rechts genau so viele Stellen ab und setze dort das Komma.
   Beachte: Vor dem Komma muss eine Zahl stehen. Wenn dort keine Zahl mehr ist, musst du eine Null vor das Komma schreiben. Lücken füllst du mit Nullen auf.

Beispiele:

$\frac{249}{100} = 2{,}49$ (2 Nullen → 2 Stellen)

$\frac{47}{1000} = 0{,}047$ (3 Nullen → 3 Stellen)

Fall 2: Der Bruch kann auf Zehntel, Hundertstel, Tausendstel, ... erweitert oder gekürzt werden.

1. Erweitere oder kürze den Bruch so, dass 10, 100, 1000, ... im Nenner stehen.
2. Schreibe dann den Bruch als Dezimalbruch (wie oben erklärt).

Beispiele:

a) $\frac{3}{4}$ Rechne: 100 : 4 = **25**

$= \frac{3 \cdot 25}{4 \cdot 25} = \frac{75}{100} = 0{,}75$

b) $\frac{5}{8}$ Rechne: 1000 : 8 = **125**

$= \frac{5 \cdot 125}{8 \cdot 125} = \frac{625}{1000} = 0{,}625$

c) $\frac{24}{40} = \frac{24 : 8}{40 : 8} = \frac{3}{5}$

$= \frac{3 \cdot 20}{5 \cdot 20} = \frac{60}{100} = 0{,}60 = 0{,}6$

6 Schreibe als Dezimalbruch.

a) $\frac{2}{10}$ = ____________

b) $\frac{23}{100}$ = ____________

c) $\frac{82}{1000}$ = ____________

d) $\frac{123}{10}$ = ____________

e) $\frac{207}{100}$ = ____________

f) $\frac{3}{1000}$ = ____________

g) $\frac{1234}{100}$ = ____________

h) $\frac{987}{10}$ = ____________

7 Schreibe als Dezimalbruch.

a) $\frac{1}{4}$ = ____________

b) $\frac{3}{5}$ = ____________

c) $\frac{1}{2}$ = ____________

d) $\frac{4}{10}$ = ____________

e) $\frac{13}{20}$ = ____________

f) $\frac{2}{25}$ = ____________

g) $\frac{7}{8}$ = ____________

h) $\frac{7}{200}$ = ____________

Tipp
Hier kannst du kürzen!

8 Schreibe als Dezimalbruch.

a) $\frac{63}{300}$ = ____________

b) $\frac{21}{35}$ = ____________

c) $\frac{16}{40}$ = ____________

d) $\frac{24}{30}$ = ____________

e) $\frac{8}{200}$ = ____________

f) $\frac{364}{400}$ = ____________

g) $\frac{150}{750}$ = ____________

h) $\frac{12}{800}$ = ____________

Tipp

Fall 3: Der Bruch hat einen beliebigen Nenner.

Brüche mit Nennern wie 3, 6, 7, … kannst du nicht auf Zehntel, Hundertstel … erweitern.
Dann musst du den Zähler durch den Nenner dividieren.
Du erhältst dann entweder abbrechende oder periodische Dezimalbrüche.

Beispiele: a) $\frac{7}{8}$ Rechne: 7 : 8 = 0,875

```
70
64
 60
 56
  40
  40
```

Sobald die erste zusätzliche Null ergänzt wird, musst du beim Ergbebnis ein Komma ergänzen.

b) $\frac{1}{3}$ Rechne: 1 : 3 = 0,333 = $0,\overline{3}$

```
10
 9
 10
  9
 10
  9
```

(sprich: null Komma Periode 3)

Es tritt niemals ein Rest 0 ein. Die Rechnung hört nie auf.

Diese Methode funktioniert bei allen Brüchen.

9 ★☆ **Schreibe als Dezimalbruch.**

a) $\frac{3}{4}$ = ____________________

b) $\frac{5}{16}$ = ____________________

c) $\frac{78}{75}$ = ____________________

d) $\frac{45}{36}$ = ____________________

10 Schreibe als Dezimalbruch. Was fällt dir auf?

a) $\frac{5}{6}$ = ____________ b) $\frac{2}{3}$ = ____________

c) $\frac{5}{9}$ = ____________ d) $\frac{7}{11}$ = ____________

11 Verwandle die Brüche durch Division in Dezimalzahlen. Kreuze an, um welche Art von Dezimalzahl es sich handelt.

Bruch	Dezimalzahl	abbrechend	periodisch
$\frac{5}{9}$		☐	☐
$\frac{7}{12}$		☐	☐
$\frac{6}{25}$		☐	☐
$\frac{9}{4}$		☐	☐
$\frac{19}{15}$		☐	☐
$\frac{16}{11}$		☐	☐
$\frac{25}{22}$		☐	☐
$\frac{7}{24}$		☐	☐
$\frac{1}{11}$		☐	☐
$\frac{16}{125}$		☐	☐

2 Dezimalbrüche vergleichen und runden

Dezimalbrüche auf der Zahlengeraden

Tipp

Wie die natürlichen Zahlen können auch Dezimalbrüche auf einer Zahlengeraden dargestellt werden. Jedem Dezimalbruch, der mit 0,… beginnt, kannst du seinen Platz zwischen 0 und 1 zuordnen.
Zwischen zwei Dezimalbrüchen auf dem Zahlenstrahl liegen beliebig viele weitere Dezimalbrüche. Man sagt, die Dezimalbrüche liegen dicht.

Beispiel: 0,126
0,126 liegt zwischen 0 und 1, genauer zwischen 0,1 und 0,2.

0 0,1 0,2 0,3 0,4 0,5 0,6 0,7 0,8 0,9 1,0

0,126 liegt noch genauer zwischen 0,12 und 0,13.

0 0,1 0,12 0,13 0,14 0,15 0,16 0,17 0,18 0,19 0,20
0,126

So kannst du eine Zahl mit einem Lineal auf der Zahlengeraden markieren oder ablesen

Wichtig: Die Zahlengerade muss als 1 Längeneinheit (LE) 1 cm haben.

1. Betrachte (die) zwei Zahlen, die jeweils zehn Striche auseinander sind.
2. Zähle dann von der ersten Zahl jeweils an einer Stelle weiter rechts immer 1 weiter.

Sind Zahlen zwischen zwei Strichen gesucht, kannst du mit dem Lineal weiter unterteilen.

Beispiel:

?
0,02 0,021 0,022 0,023 0,024 0,025 0,026 0,027 0,028 0,029 0,03

dazwischen liegen 0,0281
0,0282
0,0283 …

Die markierte Zahl ist **0,0283**.

Beschrifte die Zahlengerade.

a)

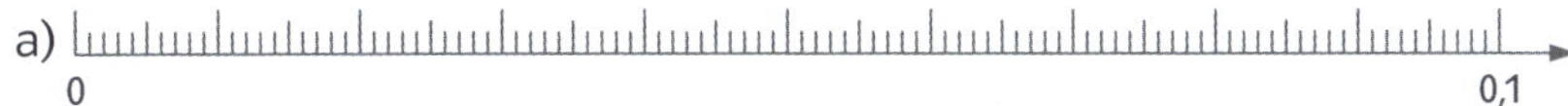

0 0,1

b)

0,6 0,7

c)

12,41 12,42

2 ★☆

Gib die markierten Dezimalbrüche an.

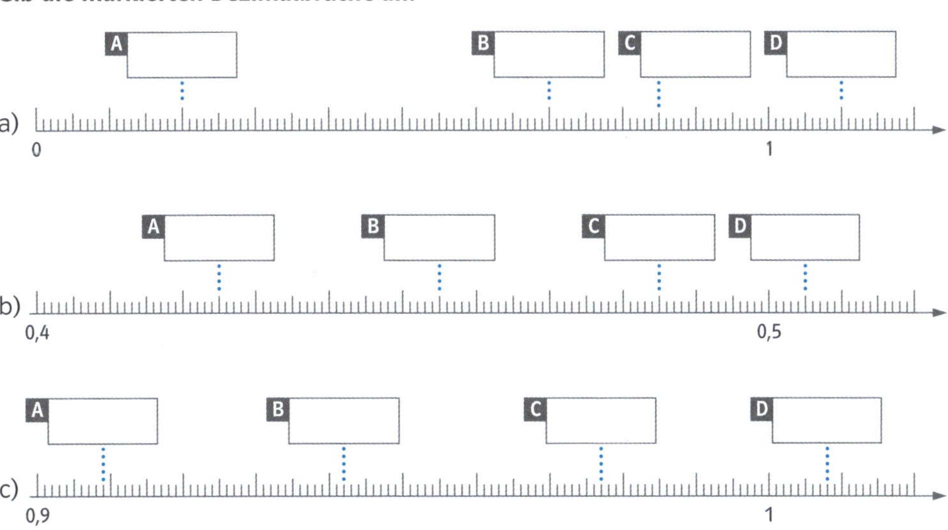

3 ★☆ **Gib die markierten Dezimalbrüche an.**

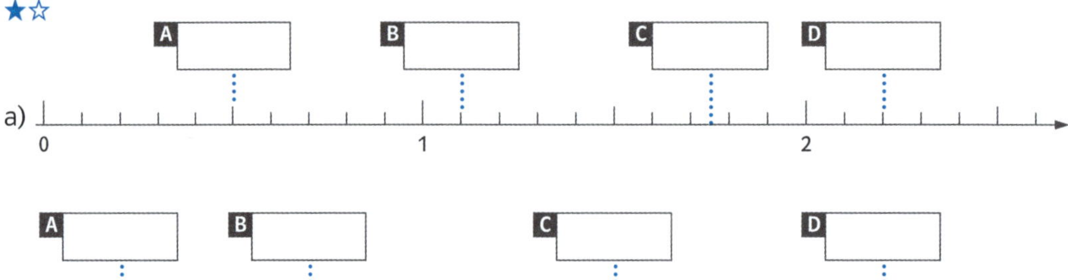

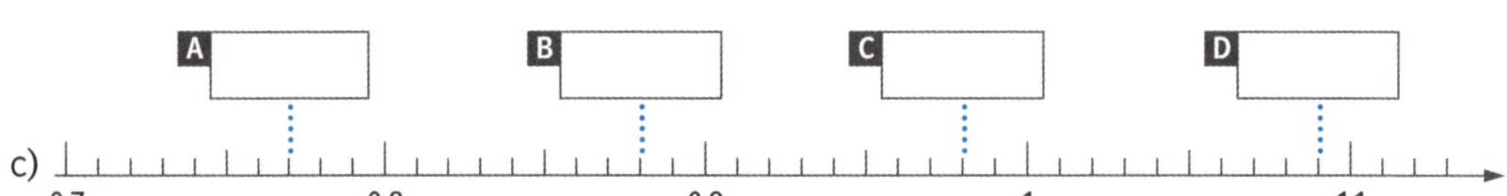

4 ★☆ **Markiere die Dezimalbrüche auf dem Zahlenstrahl.**

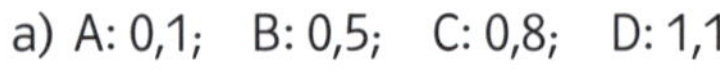

a) A: 0,1; B: 0,5; C: 0,8; D: 1,1

b) A: 9,21; B: 9,48; C: 9,95; D: 10,03

9 10

5 ★☆ **Markiere mithilfe eines Lineals die Dezimalbrüche.**

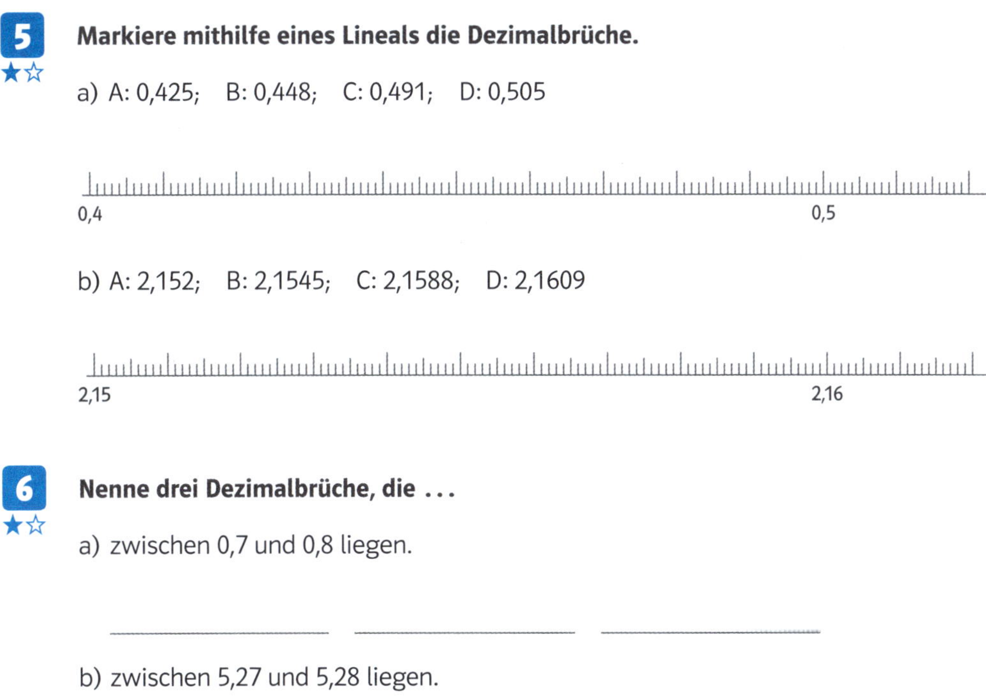

a) A: 0,425; B: 0,448; C: 0,491; D: 0,505

0,4 … 0,5

b) A: 2,152; B: 2,1545; C: 2,1588; D: 2,1609

2,15 … 2,16

6 ★☆ **Nenne drei Dezimalbrüche, die …**

a) zwischen 0,7 und 0,8 liegen.

_______ _______ _______

b) zwischen 5,27 und 5,28 liegen.

_______ _______ _______

Dezimalbrüche vergleichen und ordnen

Tipp

Auf der Zahlengeraden ist der Dezimalbruch **größer,** der weiter **rechts,** also in Pfeilrichtung liegt.
Umgekehrt ist der Dezimalbruch **kleiner,** der auf der Zahlengeraden weiter **links** liegt.

Beispiel:

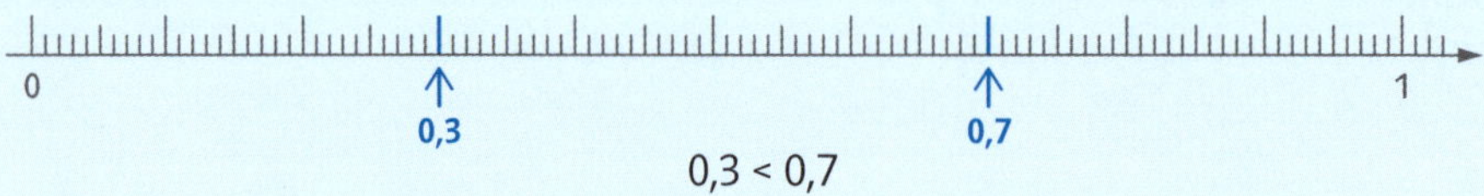

0,3 < 0,7

Dezimalbrüche kannst du wie natürliche Zahlen vergleichen, indem du die Ziffern **stellenweise von links nach rechts** betrachtest. Dann ist derjenige Dezimalbruch größer, der an derselben Stelle zuerst eine größere Ziffer hat.

Beachte:
Stehen bei einem Dezimalbruch als letzte Stellen rechts nur Nullen (Endnullen), dann darfst du diese Nullen streichen; der Dezimalbruch ändert dadurch seinen Wert nicht.

Beispiele:

a) **3**,02 ☐ **5**,72	**3** < **5**, also 3,02 < 5,72
b) 0,5**1**3 ☐ 0,5**0**7	0,5 ist jeweils gleich, **1** > **0**, also 0,513 > 0,507
c) 1,**2**34 ☐ 1,**3**	1,… ist jeweils gleich, **2** < **3**, also 1,234 < 1,3
d) 0,**5**00 ☐ 0,**5**	Endnullen wegstreichen, also ist 0,500 = 0,5

Vergleiche die beiden Dezimalbrüche. Setze <, > oder = ein.

a) 1 ☐ 0,1	b) 0,3 ☐ 0,5	c) 0,02 ☐ 0,20
d) 2,3 ☐ 2,300	e) 1,22 ☐ 1,15	f) 0,52 ☐ 0,25
g) 2,006 ☐ 2,06	h) 3,40 ☐ 3,4	i) 0,8 ☐ 0,81

8  **Vergleiche die beiden Dezimalbrüche. Setze <, > oder = ein.**

a) 0,3 ☐ 0,03 b) 4,567 ☐ 4,657 c) 0,720 ☐ 0,7201

d) 0,002 ☐ 0,020 e) 1,32 ☐ 1,320 f) 3,4509 ☐ 3,451

g) 0,456 ☐ 0,546 h) 1,643 ☐ 1,6043 i) 0,201 ☐ 0,2001

9  **Fülle die Lücken mit den gegebenen Zahlen.**

a) ______ ist größer als 0,75 und kleiner als 0,99.

b) ______ ist kleiner als 0,1.

c) ______ ist um 0,1 größer als 0,5.

d) ______ ist das Gleiche wie ______.

e) ______ ist fünf Hundertstel größer als 0,7.

f) ______ plus ______ ist 1.

0,97 | 0,4 | 0,75 | 0,3 | 0,04 | 0,40 | 0,7 | 0,6

10 ★☆ **Markiere alle Zahlen, die größer als 0,7 sind.**

11  **Markiere alle Zahlen, die größer als 0,45 sind.**

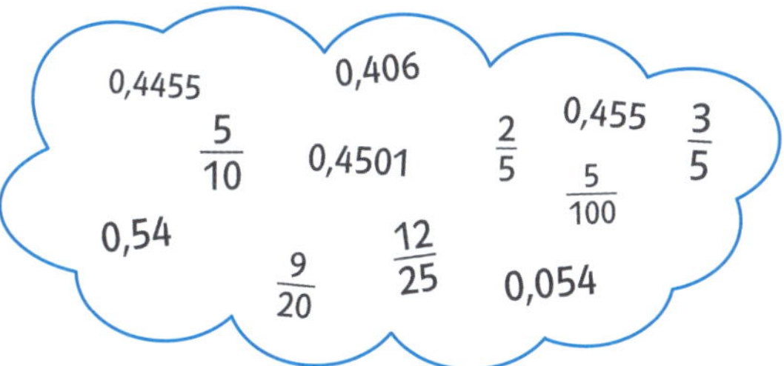

Tipp

So kannst du Dezimalbrüche geschickt der Größe nach ordnen

Sortiere die Zahlen zuerst grob vor.
Sieh dir erst alle Zahlen an, die die gleiche Zahl vor dem Komma haben und vergleiche sie. Füge dann die Zahlen zusammen.

Beispiel: 1,23 0,123 0,321 1,023 2,31

0,123 < **0,321** < 1,023 < 1,23 < 2,31

12 ★☆ **Ordne die Dezimalbrüche der Größe nach. Beginne mit der kleinsten Zahl.**

a) 0,3245 3,245 3,024 0,3254 0,45 2,043 2,5 0,052

___

b) 0,12670 2,167 2,071 0,106 0,7 1,267 1,027 1,76

___

13 ★☆ **Bringe die 100-m-Läufer in die richtige Reihenfolge.**

Name	Kim	Francis	Justin	Asafa	Shawn	Usain	Maurice
Zeit	10,00 s	9,86 s	9,85 s	9,94 s	9,89 s	9,58 s	9,87 s
Platz							

14 ★☆ **Setze für ☐ eine passende Ziffer ein.**

a) 1,08 > ☐,08

b) 32,75 < 3☐,75

c) 0,708 < 0,70☐

d) 0,555 > 0,5☐5

15 ★☆ **Ordne die Glieder des Wurms der Größe nach. Beginne mit der kleinsten Zahl. Du erhältst seinen Namen als Lösungswort.**

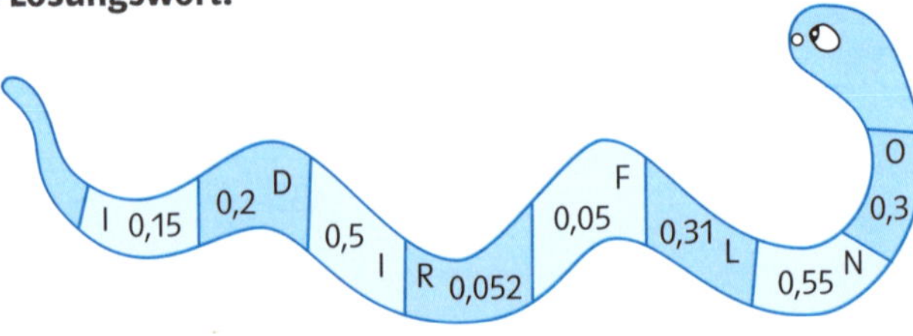

Dezimalbrüche runden

Tipp

So rundest du Dezimalbrüche

Das Runden von Dezimalbrüchen funktioniert genauso wie das Runden von natürlichen Zahlen.

1. Markiere die Rundungsstelle.
2. Betrachte die Ziffer rechts von der Rundungsstelle:
   - Ist die Ziffer rechts von der Rundungsstelle kleiner als 5 (0; 1; 2; 3; 4), dann musst du abrunden. Das heißt, die Rundungsstelle bleibt gleich und alle Ziffern rechts davon werden 0.
   - Ist die Ziffer rechts von der Rundungsstelle größer oder gleich 5 (5; 6; 7; 8; 9), musst du aufrunden. Das bedeutet, dass die Ziffer an der Rundungsstelle um 1 größer wird. Alle Ziffern rechts davon werden 0.

Beispiele:

a) Runde 0,2951 auf 3 Stellen nach dem Komma.
   0,2951 ≈ 0,2950 = 0,295
   abrunden

b) Runde 0,2951 auf Zehntel.
   0,2951 ≈ 0,3000 = 0,3
   aufrunden

Ist die Rundungsstelle eine 9, wird daraus eine 0 und die Stelle links davon um 1 größer. Endnullen nach der Rundungsstelle kannst du weglassen.

c) Runde 0,2951 auf Hundertstel.
   0,2951 ≈ 0,3000 = 0,30
   aufrunden

Diese Null musst du stehen lassen, damit man erkennt, dass auf Hundertstel (2 Stellen nach dem Komma) gerundet wurde.

Lücken füllst du mit Nullen auf.

16  **Runde die Dezimalbrüche auf Einer.**

a) 2,603 ≈ ________ b) 1,034 ≈ ________

c) 0,93 ≈ ________ d) 0,497 ≈ ________

  **17 Runde die Dezimalbrüche auf eine Stelle nach dem Komma.**

a) 2,34 ≈ ________ b) 0,493 ≈ ________

c) 1,7801 ≈ ________ d) 0,98 ≈ ________

  **18 Runde die Dezimalbrüche auf Hundertstel.**

a) 1,641 ≈ ________ b) 0,1267 ≈ ________

c) 17,138 ≈ ________ d) 0,0954 ≈ ________

  **19 Runde die Dezimalbrüche auf Tausendstel.**

a) 1,2269 ≈ ________ b) 0,02399 ≈ ________

c) 15,1101 ≈ ________ d) 0,6752 ≈ ________

  **20 Runde auf die angegebene Stelle.**

	auf Einer	auf 1 Nachkommastelle	auf 2 Nachkommastellen
3,456			
1,501			
0,007			
0,642			

21 ★★ **Welche Zahlen wurden richtig gerundet? Kreuze an.**

a) Die Zahl ergibt auf Hundertstel gerundet 0,07.

☐ 0,0749 ☐ 0,065 ☐ 0,0751 ☐ 0,07399

b) Die Zahl ergibt auf eine Stelle nach dem Komma gerundet 1,1.

☐ 1,2101 ☐ 1,149 ☐ 1,05 ☐ 1,091

22 ★★ **Gib jeweils die kleinste und größte Zahl mit vier Nachkommastellen an, die gerundet zur angegebenen Zahl passt.**

a) 1,2 ________ ; ________

b) 2,50 ________ ; ________

c) 0,300 ________ ; ________

23 ★★ **Ergänze.**

a) 1,24 ≈ 1,2. Es wurde auf ________ Nachkommastelle(n) gerundet.

b) Gib drei verschiedene Zahlen an, die abgerundet 6,32 ergeben können.

________ ________ ________

c) Gib eine Zahl an, die abgerundet 7,7 ergibt.

____

d) Gib eine Zahl an, die aufgerundet 7,7 ergibt.

____

3 Dezimalbrüche bei Größen

Tipp

Im Alltag tauchen Dezimalbrüche häufig als Maßzahlen von Größen auf.

Beispiele: 2,04 m = 2 m 0 dm 4 cm; 15,3 t = 15 t 300 kg

Beim Umwandeln von einer Einheit zur nächsten gelten folgende Umrechnungszahlen:

- bei Längen (m, dm, cm, mm) : **10**
- bei Gewichten (t, kg, g, mg) : **1000**
- bei Geld (€, ct) : **100**

Achtung:
1 km = 1000 m

So gibst du Größen in anderen Einheiten an

Sollst du eine Größe mit einer nächstgrößeren Einheit schreiben, dann musst du das Komma (entsprechend der Umrechnungszahl) nach links verschieben.
Musst du eine Größe mit einer nächstkleineren Einheit schreiben, dann musst du das Komma nach rechts verschieben.

Eine Null bei der Umrechnungszahl bedeutet eine Stelle, drei Nullen bedeuten drei Stellen.

Beispiele:

a) Gib 12,3 mm in der nächstgrößeren Einheit an.
Länge (Umrechnungszahl 10), also Komma eine Stelle nach links — 12,3 mm = 1,23 cm

b) Gib 0,012 kg in der nächstkleineren Einheit an.
Gewicht (Umrechnungszahl 100), also Komma drei Stellen nach rechts — 0,012 kg = 12 g

1 ★☆ **Ergänze die Maßzahlen in der linken Spalte.**

a)

0,00365	km
=	m
=	dm
=	cm
=	mm

b)

=	km
=	m
10,7	dm
=	cm
=	mm

2 ★☆ **Ergänze die Maßzahlen in der linken Spalte.**

a)

0,0003	t
=	kg
=	g
=	mg

b)

=	t
=	kg
648	g
=	mg

3 ★☆ **Schreibe in der nächstgrößeren Einheit.**

a) 20 cm = ________ dm
b) 15 mm = ________ cm
c) 123 m = ________ km
d) 1267 g = ________ kg
e) 35 mg = ________ g
f) 53,6 kg = ________ t
g) 199 ct = ________ €
h) 75 ct = ________ €
i) 2 ct = ________ €

4 ★☆ **Schreibe in der nächstkleineren Einheit.**

a) 0,69 € = ________ ct
b) 12,05 € = ________ ct
c) 0,1 € = ________ ct
d) 2,1 dm = ________ cm
e) 0,03 m = ________ dm
f) 25 cm = ________ mm
g) 0,021 t = ________ kg
h) 2,08 kg = ________ g
i) 15,01 g = ________ mg

4 Rechnen mit Dezimalbrüchen

Dezimalbbrüche addieren

Tipp

So addierst du einen Dezimalbruch und eine natürliche Zahl

1. Zerlege den Dezimalbruch in Ganze und gebrochene Zahlen, also die Zahl vor dem Komma und die Zahl nach dem Komma.
2. Addiere die Zahl vor dem Komma und die natürliche Zahl.
3. Schreibe hinter das Ergebnis ein Komma und die gebrochene Zahl.

Beispiele:

a) 1,8 + 5
   1,8 = 1 + 0,8
   Rechne: 1 + 5 = 6
   Ergebnis: 6,8

b) 11 + 0,75
   Rechne: 11 + 0 = 11
   Ergebnis: 11,75

Denke daran: Beim Addieren darfst du die Zahlen vertauschen.

So kannst du Dezimalbrüche mit der gleichen Anzahl von Nachkommastellen im Kopf addieren

1. Zerlege die Dezimalbrüche wieder in die Zahl vor dem Komma (Ganze) und die Zahl nach dem Komma (Dezimale).
2. Addiere die Ganzen und die Dezimalen.
3. Füge die Ergebnisse zusammen.

Berechne 8,4 + 7,3.

vor dem Komma: 8 + 7 = 15
nach dem Komma: 4 + 3 = 7

Ergebnis: 15,7

Beachte beim Addieren von Dezimalen

0,2 + 0,3 = 0,5	Rechne: 2 + 3 = 5 (Zehntel)
0,5 + 0,8 = 1,3	Rechne: 5 + 8 = 13 (Zehntel)
0,55 + 0,63 = 1,18	Rechne: 55 + 63 = 118 Komma 2 Stellen von rechts

Wenn du Zehntel addierst, erhältst du wieder Zehntel. Dabei kann die Zahl größer als 10 sein. Dann musst du eine Stelle von rechts auch das Komma setzen.

1 Berechne im Kopf.

a) 2 + 0,8 = ____________ b) 0,75 + 4 = ____________

c) 5 + 0,825 = ____________ d) 1 + 2,3 = ____________

e) 8 + 1,23 = ____________ f) 72 + 1,267 = ____________

2 Berechne im Kopf.

a) 0,4 + 0,5 = ____________ b) 4,2 + 6,5 = ____________

c) 2,7 + 7,1 = ____________ d) 0,12 + 0,25 = ____________

e) 1,25 + 3,45 = ____________ f) 12,4 + 6,6 = ____________

3 Berechne im Kopf.

a) 0,6 + 0,7 = ____________ b) 0,15 + 0,3 = ____________

c) 2,8 + 1,2 = ____________ d) 5,63 + 21,27 = ____________

e) 0,4 + 0,69 = ____________ f) 10,1 + 9,99 = ____________

4 Hier wird immer die gleiche Zahl addiert. Ergänze die nächsten fünf Zahlen.

a) 0,4 0,8

b) 2,3 2,9 ________ ________ ________ ________ ________

c) 1,5 3,0 ________ ________ ________ ________ ________

d) 1,2 2,4 ________ ________ ________ ________ ________

e) 1,25 2,5 ________ ________ ________ ________ ________

5 Ergänze die fehlenden Zahlen.

a) 0,6 + ☐ = 1 b) 3,2 + ☐ = 4

c) 8 + ☐ = 12,7 d) 1,7 + ☐ = 3,5

e) 9,3 + ☐ = 11,2 f) ☐ + 5,2 = 10,1

Tipp

So kannst du Dezimalbrüche schriftlich addieren

1. Schreibe die Zahlen so stellengerecht untereinander, dass Komma unter Komma steht. Lücken kannst du mit Nullen auffüllen.
2. Addiere dann wie gewohnt stellenweise von rechts nach links.
3. Du kannst dein Ergebnis mit einer Überschlagsrechnung kontrollieren. Runde dabei in der Regel auf Ganze.

Beispiel:
Berechne 6,4 + 24,75.

		0	6,	4	0
	+	$_1$2	$_1$4,	7	5
		3	1,	1	5

Das geht wie beim Addieren von natürlichen Zahlen.

Überschlag: 6 + 25 = 31 ✓

6 ★☆ **Gib zu diesen Rechnungen eine Überschlagsrechnung an.**

a) 432,1 + 19,87

Überschlag: ____________

b) 246,135 + 58,97

Überschlag: ____________

c) 263,15 + 102,876 + 59,81

Überschlag: ____________

d) 3,75 + 14,1 + 25,731

Überschlag: ____________

7 ★☆ **Berechne schriftlich.**

a)

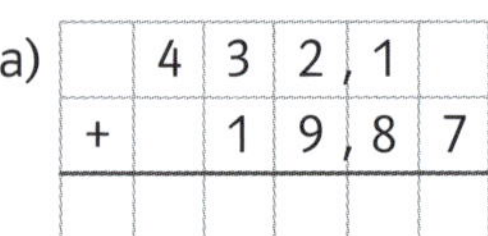

	4	3	2,	1	
+		1	9,	8	7

b)

	2	4	6,	1	3	5
+		5	8,	8	7	

c)

	2	6	3,	1	5	
+	1	0	2,	8	7	6
+		5	9,	8	1	

d)

		3,	7	5	
+	1	4,	1		
+	2	5,	7	3	1

Berechne schriftlich. Überprüfe dein Ergebnis mit einer Überschlagsrechnung.

a) 12,67 + 52,72 b) 112,93 + 11,2 c) 971,943 + 164,1
d) 25,754 + 4,8 + 9,32 e) 0,247 + 13,8 + 1,843 f) 25,731 + 6,46 + 14,1

Ergänze die Rechenpyramide durch Addition.

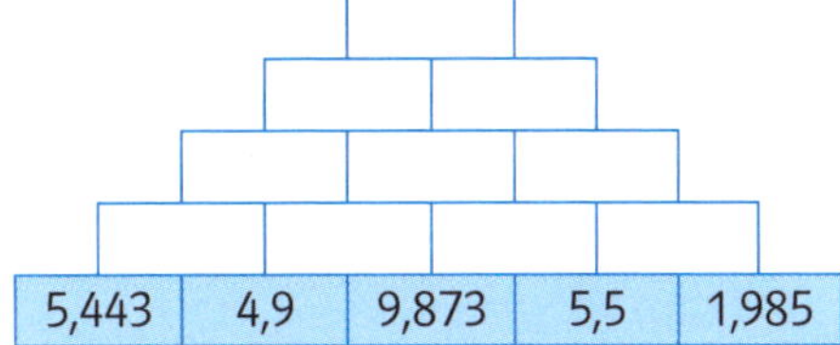

Im Wintersport besteht ein Bobwettbewerb aus vier Durchgängen. Hier sind die Ergebnisse der ersten fünf Mannschaften im Viererbob aufgelistet.

	Lauf 1	Lauf 2	Lauf 3	Lauf 4	gesamt	Platz
Deutschland 1	51,14 s	51,05 s	51,29 s	51,36 s		
Deutschland 2	51,14 s	51,36 s	51,45 s	51,63 s		
Kanada 1	51,12 s	51,03 s	51,24 s	51,46 s		
Kanada 2	51,24 s	51,29 s	51,50 s	51,54 s		
USA 1	50,89 s	50,86 s	51,19 s	51,52 s		

a) Berechne die Gesamtzeit der Mannschaften.
b) Gib an, welchen Platz die Mannschaften am Ende belegt haben.
c) Um wie viele Sekunden war der Sieger schneller als der Zweitplatzierte?

Hier wurde falsch gerechnet! Markiere die Fehler und erkläre. Berechne dann richtig.

a) 2,2 + 5,8 = 7,10

b)

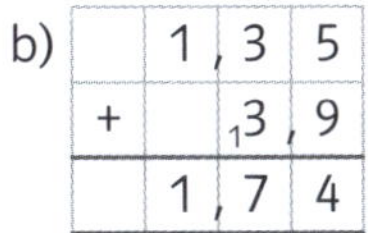

Dezimalbrüche subtrahieren

Tipp

So kannst du eine natürliche Zahl von einem Dezimalbruch subtrahieren

1. Zerlege den Dezimalbruch in Ganze und eine gebrochene Zahl.
2. Subtrahiere die natürliche Zahl von der Zahl vor dem Komma.
3. Schreibe hinter das Ergebnis ein Komma und die gebrochene Zahl.

Beispiele:

Berechne $\underbrace{7{,}8}_{7 + 0{,}8} - 5$.

Rechne: 7 - 5 = 2

Ergebnis: 2,8

So kannst du Dezimalbrüche im Kopf subtrahieren

1. Zerlege den Subtrahenden (die zweite Zahl) in Ganze und eine gebrochene Zahl.
2. Subtrahiere die ganze Zahl vom Dezimalbruch.
3. Subtrahiere nun die gebrochene Zahl vom Dezimalbruch. Dabei kannst du die gebrochene Zahl noch einmal so zerlegen, dass du geschickt rechnen kannst.

Berechne $12{,}3 - \underbrace{4{,}5}_{4 + 0{,}5}$.

Rechne zuerst: 12,3 - 4 = 8,3

Rechne dann: 8,3 - 0,5

$= \underbrace{8{,}3 - 0{,}3}_{8} - 0{,}2$

$= 8 - 0{,}2$

$= 7{,}8$

12 

Berechne im Kopf.

a) 6,7 - 5 = ________ b) 23,9 - 11 = ________

c) 1,12 - 1 = ________ d) 25,324 - 15 = ________

e) 45,678 - 19 = ________ f) 35,25 - 35 = ________

Berechne im Kopf.

a) 7,2 - 6,1 = ________

b) 5,8 - 1,3 = ________

c) 30,9 - 25,4 = ________

d) 8,50 - 6,25 = ________

e) 6,0 - 4,5 = ________

f) 9,75 - 2,68 = ________

Berechne im Kopf.

a) 14,7 - 6,7 = ________

b) 1,8 - 0,9 = ________

c) 23,4 - 5,6 = ________

d) 10,1 - 7,4 = ________

e) 10 - 9,99 = ________

f) 7,2 - 6,4 = ________

Hier wird immer die gleiche Zahl subtrahiert. Wie geht es weiter? Ergänze die nächsten Zahlen.

21,8	19,8					
10,5	10,0					
9,6	9,2					
13,5	12,3					
1,50	1,35					

Tipp

So kannst du Dezimalbrüche schriftlich subtrahieren

1. Schreibe die Zahlen so stellengerecht untereinander, dass Komma unter Komma steht. Lücken kannst du mit Nullen auffüllen.
2. Subtrahiere dann stellenweise von rechts nach links.
3. Du kannst dein Ergebnis mit einer Überschlagsrechnung kontrollieren. Runde dabei auf Ganze.

Berechne 24,75 − 6,8.

	2	4,	7	5
−	1	1 6,	8	0
	1	7,	9	5

Überschlag: 25 − 7 = 18 ✓

Das geht wie beim Subtrahieren von natürlichen Zahlen.

So kannst du fehlende Zahlen berechnen

Addieren (⊕) und Subtrahieren (⊖) sind entgegengesetzte Rechenarten, d.h. Addieren einer Zahl kann durch Subtrahieren der gleichen Zahl rückgängig gemacht werden.

Fehlende Zahlen kannst du durch Umkehrrechnen und evtl. Vertauschen bestimmen.

Berechne die fehlende Zahl.

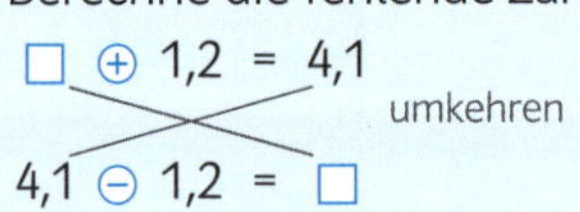

also □ = 2,9

Tipp: Forme so um, dass die gesuchte Zahl die erste Zahl ist.

16 Gib zu folgenden Rechnungen eine Überschlagsrechnung an.

a) 87,65 − 43,21
Überschlag: ____________

b) 64,2 − 35,71
Überschlag: ____________

c) 527,21 − 126,7 − 11,1
Überschlag: ____________

d) 95,223 − 10,37 − 7,9
Überschlag: ____________

17 Berechne schriftlich.

a)

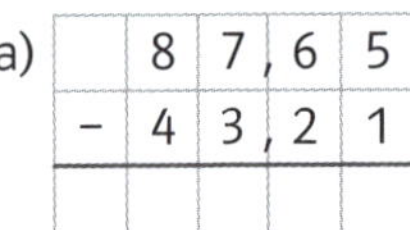

	8	7,	6	5
−	4	3,	2	1

b)

	5	2	7,	2	1
−	1	2	6,	7	
−		1	1,	1	

c)

	9	5,	2	2	3
−	1	0,	3	7	
−		7,	9		

18 **Berechne schriftlich. Überprüfe deine Ergebnisse mit einer Überschlagsrechnung.**

a) 97,54 – 80,36 b) 160,16 – 38,39

c) 41,968 – 3,69 d) 876,54 – 12,34 – 2,4

e) 65,656 – 3,23 – 10,9 f) 25,933 – 21,76 – 1,01

19 **Ergänze die fehlenden Zahlen.**

a) ___ + 4,7 = 9,4 b) ___ + 6,8 = 10,4

c) 9,4 – ___ = 4,9 d) ___ + 3,6 = 6,3

e) 3,4 + ___ = 8,8 f) ___ – 2,3 = 5,9

g) 12,8 + ___ = 16,6 h) 0,79 – ___ = 0,43

20 **Ergänze die Lücken.**

a)

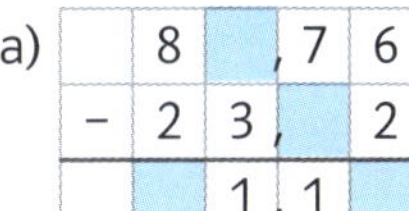

	8		,7	6
–	2	3,		2
		1	,1	

b)

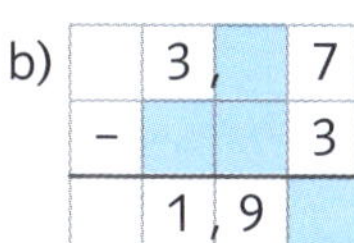

	3,		7
–			3
	1	,9	

c)

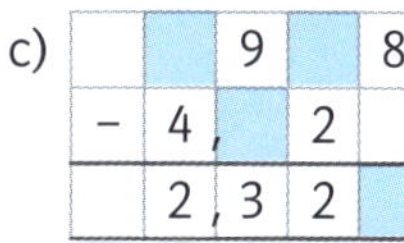

		9		8
–	4,		2	
	2	,3	2	

21 **Gegeben ist die Rechnung** ___ ___ , ___ **– 0,** ___ **.**

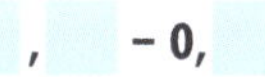

Setze jeweils ein Kärtchen in die Lücken ein, so dass gilt:

6 3 5 4

a) Das Ergebnis ist möglichst groß. ______________

b) Das Ergebnis ist möglichst klein. ______________

c) Das Ergebnis ist 44,7. ______________

Dezimalbrüche multiplizieren

Tipp

So multiplizierst du Dezimalbrüche mit Stufenzahlen

Bei der Multiplikation eines Dezimalbruches mit einer Stufenzahl musst du das Komma verschieben.

I. Multiplikation mit 10; 100; 1000; ...

Multiplizierst du mit einer Zehnerzahl, dann ist das Ergebnis (Produkt) größer als die Zahl.
Verschiebe das Komma um die Anzahl der Nullen nach rechts.
Reicht die Anzahl der Ziffern nicht aus, so musst du rechts zusätzliche Nullen anhängen.

Beispiele:

6,456 · 10 = 64,56
6,456 · 100 = 645,6
6,456 · 1000 = 6456
6,456 · 10 000 = 64 560

II. Multiplikation mit 0,1; 0,01; 0,001; ...

Verschiebe das Komma um die Anzahl der Nachkommastellen nach links.
Reicht die Anzahl der Ziffern nicht aus, so musst du links zusätzliche Nullen anhängen.

123,4 · 0,1 = 12,34
123,4 · 0,01 = 1,234
123,4 · 0,001 = 0,1234
123,4 · 0,0001 = 0,01234

22 ★☆ **Berechne im Kopf.**

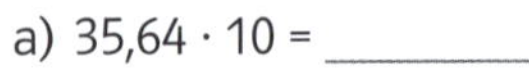

a) 35,64 · 10 = ________
b) 0,414 · 100 = ________
c) 4,85 · 1000 = ________
d) 2,3 · 10 = ________
e) 0,25 · 100 = ________
f) 0,054845 · 10 000 = ________

23 ★☆ **Berechne im Kopf.**

a) 56,7 · 0,1 = ________
b) 9,8 · 0,01 = ________
c) 9 876,5 · 0,001 = ________
d) 0,5 · 0,1 = ________
e) 112,93 · 0,01 = ________
f) 27,6 · 0,001 = ________

Berechne im Kopf.

a)

·	10	100	1000	10 000
0,5				
1,234				
0,0654				

b)

·	0,1	0,01	0,001
543,2			
27,67			
9,743			

Jeweils zwei Rechnungen haben den gleichen Wert. Verbinde.

0,52 · 10

0,52 · 0,1

0,052 · 1000

52 · 0,01

5,2 · 10

520 · 0,01

Welche Rechnungen musst du hier durchführen? Setze für ☐ die passende Zahl ein.

a) 0,63 · ☐ = 630

b) 1,7 · ☐ = 0,017

c) ☐ · 0,01 = 0,072

d) 0,646 · ☐ = 6460

e) 0,45 · ☐ = 0,0045

f) ☐ · 100 = 8,09

Tipp

So multiplizierst du zwei Dezimalbrüche

1. Multipliziere die Zahlen ohne Berücksichtigung des Kommas.
2. Zähle die Nachkommastellen der beiden Zahlen zusammen.
3. Setze das Komma so, dass das Ergebnis so viele Stellen nach dem Komma hat, wie beide Zahlen zusammen.
4. Kontrolliere dein Ergebnis mit einer Überschlagsrechnung.

Beispiele:

a) Berechne 4,**83** · 0,**912**.
5 Nachkommastellen
Rechne:

4	8	3	·	9	1	2
	4	3	4	7		
			4	8	3	
		1	2	9	6	6
	4	4	0	4	9	6

5 4 3 2 1

Ergebnis: 4,**40496**
Überschlag: 5 · 1 = 5

b) Berechne im Kopf.
1,**2** · 0,**3**
Rechne: 12 · 3 = 36 (2 1)
Ergebnis: 0,**36**
2 Nachkommastellen

27 ★☆ **Berechne im Kopf.**

a) 0,3 · 5 = ________
b) 0,12 · 7 = ________
c) 2,1 · 6 = ________
d) 0,015 · 4 = ________
e) 0,23 · 5 = ________
f) 0,2 · 4 = ________
g) 1,6 · 5 = ________
h) 0,09 · 3 = ________

28 ★☆ **Berechne im Kopf.**

a) 0,8 · 0,1 = ________
b) 1,1 · 0,9 = ________
c) 0,8 · 0,7 = ________
d) 0,12 · 0,3 = ________
e) 0,2 · 1,5 = ________
f) 1,3 · 0,8 = ________
g) 0,4 · 0,5 = ________
h) 0,35 · 0,2 = ________

29 ★☆ **Multipliziere die Zahlen jeder Zeile und Spalte.**

a)

2	0,5	
0,2	1,2	

b)

0,8	1,3	
2,1	0,4	

30 ★☆ **Berechne schriftlich. Überprüfe dein Ergebnis durch eine Überschlagsrechnung.**

a) 2,563 · 4,01
b) 61,91 · 2,23
c) 1,24 · 0,79
d) 5,9 · 39,82
e) 10,42 · 0,5
f) 15,9 · 0,48

31 ★★ **Setze das Komma bei der markierten Zahl so, dass das Ergebnis stimmt.**

a) 52,731 · 1,32 = **6960492**
b) 0,13 · **93124** = 1210,612
c) **802** · 66,39 = 532,4478
d) 72,71 · **9301** = 6762,7571

32 ★★ **Finde ohne schriftliche Rechnung das richtige Ergebnis.**

a) 9,63 · 4,2
b) 31,57 · 0,14
c) 39,6 · 8,42
d) 5,2 · 79,5
e) 0,69 · 544

4,4198 | 375,36 | 333,432 | 413,40 | 40,446

33 ★★ **Hier wurde falsch gerechnet. Erkläre die Fehler und korrigiere das Ergebnis.**

a) 0,5 · 0,3 = 0,015
b) 7,1 · 10 = 70,10
c) 0,4 · 0,5 = 2,0
d) 0,003 · 3 = 3,003

Dezimalbrüche dividieren

Tipp

So dividierst du Dezimalbrüche durch Stufenzahlen

Bei der Division eines Dezimalbruches durch eine Stufenzahl (1, 10, 100, 1000 …) musst du das Komma verschieben.

I. Division durch 10, 100, 1000, …

Teilst du durch eine Zehnerzahl, so ist das Ergebnis (Quotient) kleiner als die Zahl. Verschiebe das Komma um die Anzahl der Nullen nach links. Reicht die Anzahl der Ziffern nicht aus, musst du links zusätzliche Nullen anhängen.

Beispiele:
83,01 : 10 = 8,301
83,01 : 100 = 0,8301
83,01 : 1000 = 0,08301

II. Division durch 0,1; 0,01; 0,001; …

Verschiebe das Komma um die Anzahl der Nachkommastellen nach rechts. Reicht die Anzahl der Ziffern nicht aus, so musst du rechts zusätzliche Nullen anhängen.

0,2468 : 0,1 = 2,468
0,2468 : 0,01 = 24,68
0,2468 : 0,001 = 246,8

34 ★☆ **Berechne im Kopf.**

a) 42,605 : 10 = ________ 
b) 7,15 : 100 = ________
c) 541,2 : 1000 = ________
d) 0,54 : 10 = ________
e) 48,5 : 100 = ________
f) 982,31 : 10 000 = ________

35 ★☆ **Berechne im Kopf.**

a) 78,91 : 0,1 = ________
b) 0,126 : 0,01 = ________
c) 0,23 : 0,001 = ________
d) 2,34 : 0,1 = ________
e) 0,25 : 0,01 = ________
f) 0,0112 : 0,001 = ________

36 Berechne im Kopf.

a)

:	10	100	1000	10 000
123,4				
56,78				
9,08				

b)

:	0,1	0,01	0,001
23,45			
0,0321			
0,3			

37 Jeweils zwei Rechnungen haben den gleichen Wert. Verbinde.

0,079 : 0,001

0,79 : 0,1

7,9 : 0,1

0,79 : 10

790 : 100

0,0079 : 0,001

38 Welche Rechnungen musst du hier durchführen? Setze für ☐ die passende Zahl ein.

a) 630 : ☐ = 0,63

b) 1,7 : ☐ = 0,017

c) ☐ : 100 = 0,068

d) 0,45 : ☐ = 0,0045

e) 0,646 : ☐ = 646

f) ☐ : 0,01 = 8,09

Tipp

So dividierst du einen Dezimalbruch durch eine ganze Zahl

1. Dividiere so, wie du es von den ganzen Zahlen gewohnt bist.
2. Wenn in der Rechnung das Komma auftritt, dann setze beim Ergebnis auch ein Komma.

Kontrolliere dein Ergebnis mit einer Überschlagsrechnung!

Beispiele:
Berechne 17,28 : 8.

1	7,	2	8	:	8	=	2,	1	6
1	6								
	1	2							
		8							
		4	8						
		4	8						
			0						

Überschlag: 16 : 8 = 2 ✓

Besonderheiten

Fall 1: Die erste Zahl (Dividend) ist kleiner als die zweite Zahl (Divisor)

Dann erhältst du als Ergebnis eine Zahl, die kleiner als 1 ist.
Also beginnt das Ergebnis mit 0,…

Berechne 7,65 : 9.

7,	6	5	:	9	=	0,	8	5
0								
7	6							
7	2							
	4	5						
	4	5						
		0						

Überschlag: 8,1 : 9 = 0,9 ✓

Fall 2: Die Division geht nicht sofort auf

Du kannst an jede Dezimalzahl rechts Nullen (sog. Endnullen) anhängen, ohne dass sich der Wert der Zahl ändert. Das macht man hier auch bei der Division.

Berechne 18,2 : 4.

1	8,	2	:	4	=	4,	5	5
1	6							
	2	2						
	2	0						
		2	0	Division geht nicht auf, 0 anhängen!				
		2	0					
			0					

Überschlag: 20 : 4 = 5 ✓

Tipp

So kannst du geschickt im Kopf dividieren

1. Lass das Komma für die Rechnung zunächst weg.
2. Dividiere die beiden ganzen Zahlen.
3. Setze im Ergebnis das Komma so, dass das Ergebnis gleiche viele Nachkommastellen wie die erste Zahl hat. Falls Ziffern fehlen, kannst du Nullen einfügen.

Beispiele:

a) Berechne im Kopf 6,5 : 5.
Rechne 65 : 5 = 13.
Das Ergebnis hat 1 Nachkommastelle,
also 6,5 : 5 = 1,3.

b) Berechne im Kopf 2,8 : 7.
Rechne 28 : 7 = 4.
Das Ergebnis hat 1 Nachkommastelle,
also 2,8 : 7 = 0,4.

39 ★☆ **Berechne im Kopf.**

a) 5,5 : 5 = ________ b) 12,9 : 3 = ________ c) 24,8 : 4 = ________

d) 18,6 : 6 = ________ e) 0,15 : 3 = ________ f) 5,6 : 8 = ________

g) 1,12 : 8 = ________ h) 0,81 : 9 = ________ i) 0,66 : 3 = ________

40 ★★ **Es ist 4260 : 5 = 852. Gib damit die Ergebnisse der folgenden Aufgaben an. Erkläre, wie du vorgehen musst.**

a) 426 : 5 b) 42,6 : 5 c) 4,26 : 5 d) 0,426 : 5

e) 4260 : 50 f) 426 : 50 g) 42,6 : 50 h) 4,26 : 50

41  **Setze das Komma bei der markierten Zahl so, dass das Ergebnis stimmt.**

a) 30,32 : 8 = **397** b) 412,5 : 3 = **1375** c) **6828** : 12 = 0,569

d) **322** : 5 = 6,44 e) **110432** : 7 = 15,776 f) 649,8 : 9 = **722**

42  **Berechne schriftlich.**

a) 35,88 : 6 b) 49,623 : 7 c) 532,32 : 8 d) 3,52 : 5

43  **Berechne schriftlich.**

a) 42,6 : 15 b) 0,374 : 11 c) 910,65 : 50 d) 28,08 : 12

Tipp

So dividierst du zwei Dezimalbrüche

1. Verschiebe das Komma bei **beiden** Zahlen jeweils um so viele Stellen nach **rechts,** bis die **zweite Zahl** (der Divisor) eine **ganze Zahl** ist.
2. Dividiere dann den Dezimalbruch durch eine ganze Zahl.

Setze beim Überschreiten des Kommas auch im Ergebnis ein Komma.

Beispiele:

a) Berechne im Kopf 5,6 : 0,8.
Verschiebe das Komma um 1 Stelle nach rechts.
Rechne also 56 : 8 = 7.
Also gilt: 5,6 : 0,8 = 7.

b) Berechne 68,25 : 0,3.
Verschiebe das Komma um 1 Stelle nach rechts.
Rechne also 682,5 : 3.

c) Berechne 8,5 : 0,25.
Verschiebe das Komma um 2 Stellen nach rechts.
Rechne also 850 : 25 = 34.

8	5	0	:	2	5	=	3	4
7	5							
1	0	0						
1	0	0						
		0						

Also gilt: 8,5 : 0,25 = 34.

d) Berechne 12,34 : 0,8.
Verschiebe das Komma um 1 Stelle nach rechts.
Rechne also 123,4 : 8.

1	2	3,	4	0	0	:	8	=	1	5,	4	2	5
	8												
	4	3											
	4	0											
		3	4										
		3	2										
			2	0									
			1	6									
				4	0								
				4	0								
					0								

Hänge rechts Nullen an und rechne weiter.
Also gilt: 12,34 : 0,8 = 15,425.

44 ★☆ **Berechne im Kopf.**

a) 1,5 : 0,3 = ________

b) 1,2 : 0,4 = ________

c) 5 : 0,1 = ________

d) 2 : 0,5 = ________

e) 3,2 : 0,8 = ________

f) 1 : 0,25 = ________

g) 0,6 : 0,05 = ________

h) 1,8 : 0,06 = ________

45 ★☆ **Berechne im Kopf.**

:	0,5	0,05	0,35
3,5			
0,35			

:	0,4	0,04	1,6
4,8			
0,48			

46 ★★ **Berechne im Kopf.**

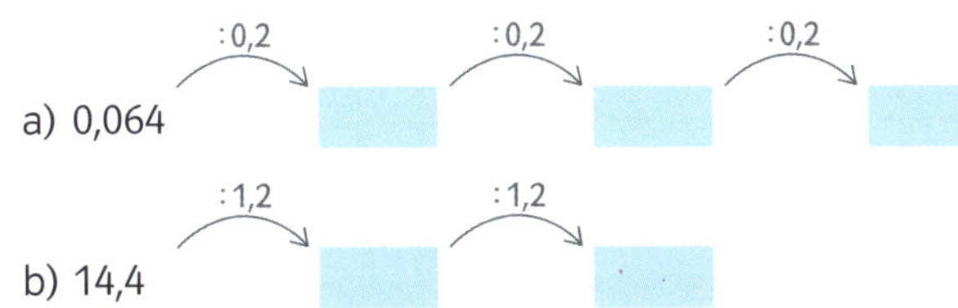

47 ★☆ **Kreuze, ohne zu rechnen, das richtige Ergebnis an.**

a) 22,8 : 4,56 ☐ 0,05 ☐ 0,5 ☐ 5 ☐ 50 ☐ 500

b) 1,61 : 0,07 ☐ 0,023 ☐ 0,23 ☐ 2,3 ☐ 23 ☐ 230

c) 18,45 : 1,5 ☐ 0,0123 ☐ 0,123 ☐ 1,23 ☐ 12,3 ☐ 123

48   **Berechne die fehlende Zahl.**

Tipp
Umkehrrechnung!

a) ☐ · 0,5 = 7,5 b) 1,2 · ☐ = 13,2

c) ☐ · 0,9 = 0,117 d) ☐ · 0,08 = 13,6

49 ★☆ **Berechne schriftlich.**

a) 0,1893 : 0,03 b) 0,5229 : 0,9 c) 7,0161 : 0,7

d) 0,5436 : 0,06 e) 6,789 : 0,5 f) 17,484 : 1,2

50 ★★ **Berechne schriftlich.**

a) 24,684 : 1,1 b) 0,5229 : 0,9

c) 1,357 : 0,2 d) 0,2413 : 0,025

51  **Finde das richtige Ergebnis.**

a) 24,99 : 7
b) 4,344 : 0,8
c) 0,3681 : 0,09
d) 3,927 : 0,11
e) 0,5535 : 1,5

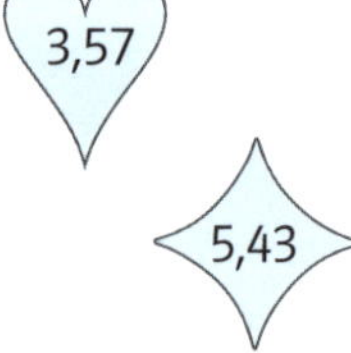

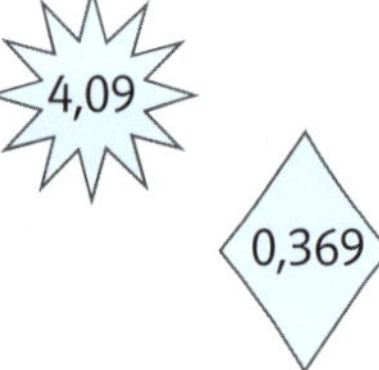

Rechnen mit negativen Dezimalzahlen

Tipp

Für das Rechnen mit negativen Dezimalzahlen brauchst du die Rechenregeln für negative Zahlen.

Fall 1: Addieren und Subtrahieren von negativen Dezimalzahlen

a) Die beiden Dezimalzahlen haben das gleiche Vorzeichen

1. Lass zum Rechnen die Vorzeichen weg. Addiere dann beide Zahlen.
2. Schreibe vor das Ergebnis das gemeinsame Vorzeichen.

Beispiele:
Berechne $-0{,}85 - 0{,}37$.
$0{,}85 + 0{,}37 = 1{,}22$
$-0{,}85 - 0{,}37 = -1{,}22$

b) Die beiden Dezimalzahlen haben unterschiedliche Vorzeichen

1. Lass zum Rechnen die Vorzeichen weg. Subtrahiere dann die kleinere von der größeren Zahl.
2. Schreibe vor das Ergebnis das Vorzeichen der größeren Zahl.

Berechne $-0{,}85 + 0{,}37$.
$0{,}85 - 0{,}37 = 0{,}48$
$-0{,}85 + 0{,}37 = -0{,}48$

Fall 2: Multiplizieren und Dividieren von negativen Dezimalzahlen

a) Die beiden Dezimalzahlen haben das gleiche Vorzeichen

1. Lass zum Rechnen die Vorzeichen weg. Multipliziere bzw. dividiere dann beiden Zahlen.
2. Das Ergebnis hat immer ein positives Vorzeichen.

Berechne $-0{,}12 \cdot -0{,}5$.
$0{,}12 \cdot 0{,}5 = 0{,}06$
$-0{,}12 \cdot -0{,}5 = 0{,}06$

b) Die beiden Dezimalzahlen haben unterschiedliche Vorzeichen

1. Lass zum Rechnen die Vorzeichen weg. Multipliziere bzw. dividiere dann beide Zahlen.
2. Das Ergebnis hat immer ein negatives Vorzeichen.

Berechne $0{,}12 \cdot (-0{,}5)$.
$0{,}12 \cdot 0{,}5 = 0{,}06$
$0{,}12 \cdot (-0{,}5) = -0{,}06$

52 ★☆ **Berechne im Kopf.**

a) $2 - 0{,}8 =$ ____ b) $-0{,}75 + 4 =$ ____ c) $0{,}4 - 0{,}5 =$ ____

d) $2{,}7 - 0{,}71 =$ ____ e) $-1{,}25 - 3{,}45 =$ ____ f) $-12{,}4 - 6{,}6 =$ ____

g) $-0{,}6 + 0{,}7 =$ ____ h) $0{,}15 - 0{,}3 =$ ____ i) $-5{,}63 - 21{,}27 =$ ____

53 ★☆ **Berechne schriftlich. Überprüfe dein Ergebnis mit einer Überschlagsrechnung.**

a) $12{,}67 - 52{,}72$ b) $-112{,}93 - 11{,}2$ c) $-971{,}943 + 164{,}1$

d) $9{,}32 - 25{,}754 + 4{,}8$ e) $-0{,}247 - 13{,}8 + 1{,}843$ f) $-25{,}731 - 6{,}46 - 14{,}1$

54 ★☆ **Berechne im Kopf.**

a) $5 \cdot (-0{,}3) =$ ____ b) $-0{,}75 \cdot 4 =$ ____ c) $-24{,}8 : (-4) =$ ____

d) $-0{,}8 \cdot (-0{,}7) =$ ____ e) $-0{,}012 : 4 =$ ____ f) $-0{,}015 \cdot (-4) =$ ____

g) $-1{,}12 : (-8) =$ ____ h) $-0{,}35 \cdot 0{,}2 =$ ____ i) $0{,}66 : (-3) =$ ____

55 **Berechne schriftlich.**

·	0,3	−0,06	−1,2
−0,6			
0,11			
−2,5			

56 **Berechne schriftlich.**

:	0,02	−0,6	−1,2
−0,96			
1,32			
−0,72			

Terme mit Dezimalzahlen

Tipp

Auch bei Zahltermen mit (negativen) Dezimalzahlen gelten die Vorrangregeln (kurz KlaPS oder KlaHoPS):

1. Was in Klammern steht, wird zuerst berechnet.
2. Punkt vor Strich
   Addition (⊕) und Subtraktion (⊖) werden auch Strichrechnung genannt, Multiplikation (⊙) und Division (⊙) Punktrechnungen. Kommen in einem Term Punkt- und Strichrechnungen vor, gilt Punkt vor Strich, d.h. zuerst wird multipliziert bzw. dividiert, dann erst addiert bzw. subtrahiert.
3. Von links nach rechts
   Besteht ein Term ausschließlich aus Strichrechnungen oder nur aus Punktrechnungen, dann rechnet man von links nach rechts, wie man schreibt.

Potenzen („hoch") zählen zur Punktrechnung, da sie nur eine andere Schreibweise für eine Multiplikation sind.

57  **Berechne. Achte auf die Vorzeichen.**

a) $-0{,}8 \cdot (1{,}2 - 0{,}7)$ b) $-5{,}4 : (-3{,}2 - 2{,}8)$ c) $-0{,}72 - (-0{,}35 - 0{,}13)$
d) $1{,}82 + (-4{,}3 + 1{,}3)$ e) $2{,}8 - (1{,}2 - (8{,}3 - 4{,}3))$ f) $(1{,}3 - 5) \cdot (1{,}1 + 2)$

58  **Berechne. Beachte: Hier gilt Punkt vor Strich!**

a) $0{,}6 \cdot (-0{,}3) - 1{,}2$ b) $-3{,}4 - 0{,}4 \cdot 0{,}2$ c) $-2{,}1 + (-0{,}4) \cdot 1{,}2$
d) $-1{,}2 + 0{,}3 \cdot (-4) - 0{,}5$ e) $-9{,}5 - 4{,}5 : 3$ f) $-1{,}2 \cdot 5 - 0{,}9 \cdot (-4)$

59  **Berechne. Beachte die KlaPS-Regeln.**

a) $-0{,}3 \cdot (1{,}5 - 0{,}2 \cdot 3)$ b) $9{,}6 : (-1{,}2 - 9 \cdot 0{,}4)$ c) $1{,}4 \cdot (-2) - (0{,}7 - 0{,}3) \cdot 4$
d) $-(4{,}8 - 4{,}2) : ((2{,}7 - 1{,}2))$ e) $4{,}5 : (-0{,}3) + 2{,}5 \cdot 3$ f) $(-1{,}8 + 4 \cdot (2{,}2 - 1{,}4)) - 3{,}3$

5 Anwendungsaufgaben

Tipp

Lösungsplan

1. Lies die ganze Aufgabe gründlich durch. Unterstreiche im Text die wichtigsten Angaben.
2. Welcher Sachverhalt wird in der Aufgabe dargestellt? Wovon handelt also die Aufgabe? Beschreibe den Sachverhalt mit eigenen Worten.
3. Was ist gesucht?
4. Was ist gegeben? Welche Angaben im Aufgabentext sind also für das Lösen der Aufgabe wichtig? Notiere sie in Kurzform.
5. Überlege dir den Lösungsweg. Falls du dabei Schwierigkeiten hast, prüfe, ob dich diese Lösungshilfen weiterbringen:
   a) Zerlege die Aufgabe in Teilaufgaben.
   b) Lege eine Skizze an.
   c) Arbeite mit einer Tabelle.
   d) Erinnerst du dich an eine ähnliche, schon gelöste Aufgabe?
6. Führe die Rechnung aus.
7. Kontrolliere das Ergebnis.
8. Schreibe einen Antwortsatz.

1 

Berechne.

Frau Herbst geht einkaufen. In ihren Einkaufswagen lädt sie vier Gläser Kirschen für je 1,26 €, zwei Packungen Mehl für jeweils 0,59 €, eine Packung Zucker für 0,89 €, drei Päckchen Butter zu jeweils 1,17 €, ein Glas Marmelade für 1,15 € und ein Vollkornbrot für 2,40 €.
Frau Herbst bezahlt mit einem 50-€-Schein. Wie viel Geld erhält sie zurück?

2 

Stelle jeweils einen Term auf und berechne anschließend.

a) Subtrahiere 32,76 vom Dreifachen der Summe aus 51,003 und 179,6.
b) Multipliziere die Differenz von 98,62 und 45,1 mit der Summe dieser Zahlen.
c) Bilde den Quotienten aus dem Produkt von 38,7 und 11,3 sowie deren Summe.

Berechne.

Die 6c unternimmt eine sechstägige Radtour. Jans notiert jeden Tag die gefahrenen Kilometer: 53,42 km, 48,77 km, 51,92 km sowie zweimal 45,29 km.

a) Wie weit ist die Klasse insgesamt gefahren?
b) Eigentlich sollte die gesamte Tour eine Länge von 287 km haben, musste aber nach dem 5. Tag wegen sehr schlechten Wetters abgebrochen werden. Welche Tourlänge war für den letzten Tag vorgesehen?
c) Wie lang war eine Tagestour im Durchschnitt?

Berechne.

Herr Hoffmann kauft neue Kantensteine, um seine Gartenbeete einzufassen. Von den 0,85 m langen Steinen benötigt er 14 Stück.

a) Wie lang ist seine Beetumrandung?
b) Herrn Hoffmann gefällt die neue Einfassung so gut, dass er sich entschließt, die Beete im Vorgarten ebenfalls einzufassen. Er misst eine Kantenlänge von 9,56 m. Wie viele Kantensteine werden noch benötigt? Auf welche Länge muss der letzte Stein gekürzt werden?

Berechne.

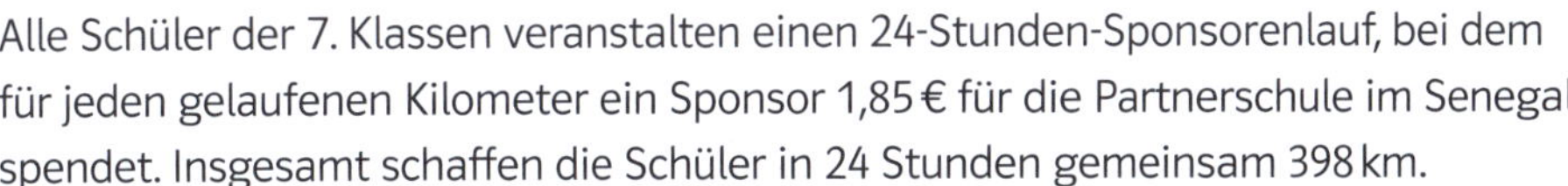

Alle Schüler der 7. Klassen veranstalten einen 24-Stunden-Sponsorenlauf, bei dem für jeden gelaufenen Kilometer ein Sponsor 1,85 € für die Partnerschule im Senegal spendet. Insgesamt schaffen die Schüler in 24 Stunden gemeinsam 398 km.

a) Wie viele Kilometer wurden pro Minute gelaufen? Runde auf 3 Stellen nach dem Komma!
b) Welche Strecke hat jeder der 74 Schüler durchschnittlich zurückgelegt? Gib das genaue Ergebnis an und runde anschließend auf zwei Stellen nach dem Komma.
c) Wie viel Geld muss der Sponsor an die Partnerschule überweisen?
d) Wie viele Kilometer hätten die Schüler noch laufen müssen, um 800 € zu erzielen?

1 Dezimalbrüche (Dezimalzahlen)

1 a) 2,05 b) 30,709 c) 105,49 d) 0,038

2 a) 2,06 b) 22,06 c) 0,26 d) 0,206

3 a) $\frac{101}{1000}$ b) $\frac{99}{100}$ c) $\frac{7}{1000}$ d) $\frac{1237}{1000}$
e) $\frac{7}{100}$ f) $\frac{13}{10}$ g) $\frac{93}{1000}$ h) $\frac{1303}{100}$

4 a) $\frac{8}{10} = \frac{4}{5}$ b) $\frac{15}{10} = \frac{3}{2}$ c) $\frac{52}{10} = \frac{26}{5}$ d) $\frac{4}{100} = \frac{2}{50} = \frac{1}{25}$
e) $\frac{56}{100} = \frac{28}{50} = \frac{14}{25}$ f) $\frac{234}{100} = \frac{117}{50}$ g) $\frac{1505}{100} = \frac{301}{20}$ h) $\frac{25}{1000} = \frac{1}{40}$

5

Summenschreibweise	H	Z	E	$\frac{1}{10}$	$\frac{1}{100}$	$\frac{1}{1000}$	$\frac{1}{10\,000}$	Dezimalbruch
$140 + \frac{3}{10} + \frac{8}{1000}$	1	4	0	3	0	8		140,308
$56 + \frac{7}{10} + \frac{4}{100} + \frac{1}{1000}$		5	6	7	4	1		56,741
$9 + \frac{5}{10} + \frac{7}{100} + \frac{8}{1000} + \frac{8}{10\,000}$			9	5	7	8	8	9,5788
$981 + \frac{2}{100} + \frac{6}{10\,000}$	9	8	1	0	2	0	6	981,0206
$767 + \frac{6}{1000}$	7	6	7	0	0	6		767,006
$\frac{1}{10} + \frac{9}{100} + \frac{6}{1000}$			0	1	9	6		0,196
$27 + \frac{5}{100} + \frac{4}{1000} + \frac{3}{10\,000}$		2	7	0	5	4	3	27,0543
$\frac{6}{10} + \frac{8}{100} + \frac{1}{10\,000}$			0	6	8	0	1	0,6801

6 a) 0,2 b) 0,23 c) 0,082 d) 12,3
e) 2,07 f) 0,003 g) 12,34 h) 98,7

7 a) $\frac{1}{4} = \frac{25}{100} = 0{,}25$ b) $\frac{3}{5} = \frac{6}{10} = 0{,}6$ c) $\frac{1}{2} = \frac{5}{10} = 0{,}5$ d) $\frac{4}{10} = 0{,}4$
e) $\frac{13}{20} = \frac{65}{100} = 0{,}65$ f) $\frac{2}{25} = \frac{8}{100} = 0{,}08$ g) $\frac{7}{8} = \frac{875}{1000} = 0{,}875$ h) $\frac{7}{200} = \frac{35}{1000} = 0{,}035$

8 a) $\frac{63}{300} = \frac{21}{100} = 0{,}21$ b) $\frac{21}{35} = \frac{3}{5} = \frac{6}{10} = 0{,}6$
c) $\frac{16}{40} = \frac{4}{10} = 0{,}4$ d) $\frac{24}{30} = \frac{4}{5} = \frac{8}{10} = 0{,}8$
e) $\frac{8}{200} = \frac{4}{100} = 0{,}04$ f) $\frac{364}{400} = \frac{91}{100} = 0{,}91$
g) $\frac{150}{750} = \frac{15}{75} = \frac{1}{5} = \frac{2}{10} = 0{,}2$ h) $\frac{12}{800} = \frac{3}{200} = \frac{15}{1000} = 0{,}015$

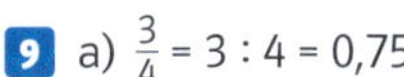

9 a) $\frac{3}{4} = 3 : 4 = 0{,}75$ b) $\frac{5}{16} = 5 : 16 = 0{,}3125$

c) $\frac{78}{75} = 78 : 75 = 1{,}04$ d) $\frac{45}{36} = 45 : 36 = 1{,}25$

10 a) $\frac{5}{6} = 5 : 6 = 0{,}833333\ldots = 0{,}8\overline{3}$ b) $\frac{2}{3} = 2 : 3 = 0{,}66666\ldots = 0{,}\overline{6}$

c) $\frac{5}{9} = 5 : 9 = 0{,}5555 = 0{,}\overline{5}$ d) $\frac{7}{11} = 7 : 11 = 0{,}6363636363\ldots = 0{,}\overline{63}$

11

Bruch	Dezimalzahl	abbrechend	periodisch
$\frac{5}{9}$	$0{,}\overline{5}$	☐	☒
$\frac{7}{12}$	$0{,}58\overline{3}$	☐	☒
$\frac{6}{25}$	0,24	☒	☐
$\frac{9}{4}$	2,25	☒	☐
$\frac{19}{15}$	$1{,}2\overline{6}$	☐	☒
$\frac{16}{11}$	$1{,}\overline{45}$	☐	☒
$\frac{25}{22}$	$1{,}1\overline{36}$	☐	☒
$\frac{7}{24}$	$0{,}291\overline{6}$	☐	☒
$\frac{1}{11}$	$0{,}\overline{09}$	☐	☒
$\frac{16}{125}$	0,128	☒	☐

2 Dezimalbrüche vergleichen und runden

1 a)

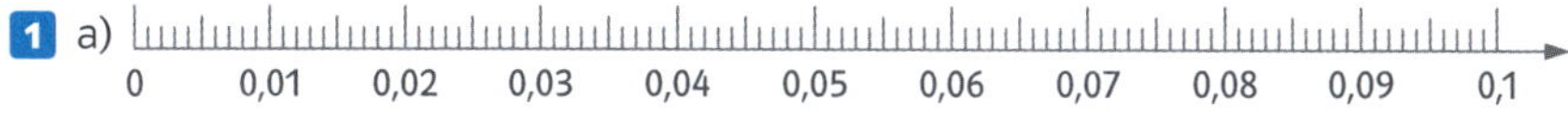

0 0,01 0,02 0,03 0,04 0,05 0,06 0,07 0,08 0,09 0,1

b) 0,6 0,61 0,62 0,63 0,64 0,65 0,66 0,67 0,68 0,69 0,7

c) 12,41 12,411 12,412 12,413 12,414 12,415 12,416 12,417 12,418 12,419 12,42

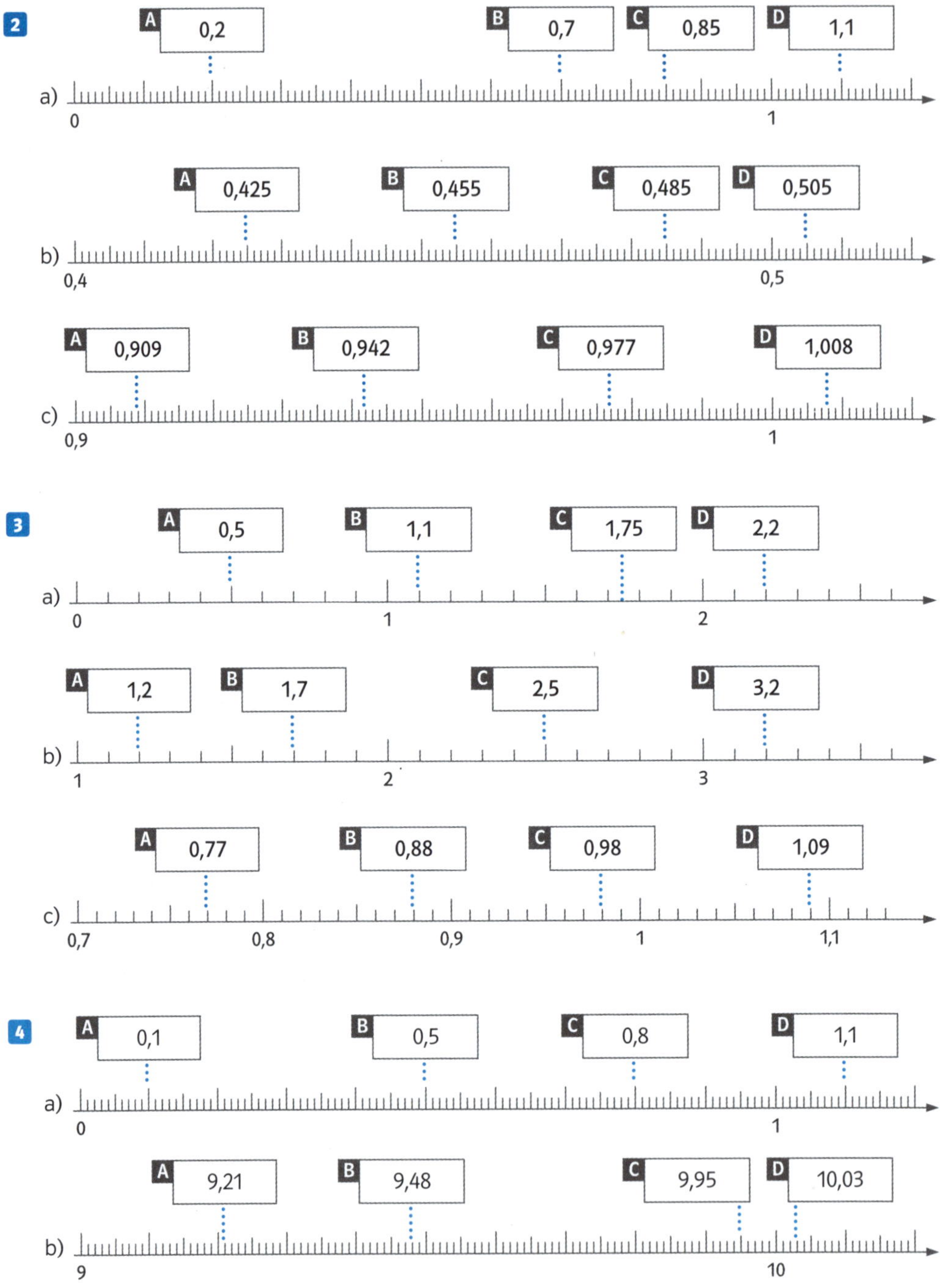
2
A 0,2
B 0,7
C 0,85
D 1,1
a)
0
1
A 0,425
B 0,455
C 0,485
D 0,505
b)
0,4
0,5
A 0,909
B 0,942
C 0,977
D 1,008
c)
0,9
1
3
A 0,5
B 1,1
C 1,75
D 2,2
a)
0
1
2
A 1,2
B 1,7
C 2,5
D 3,2
b)
1
2
3
A 0,77
B 0,88
C 0,98
D 1,09
c)
0,7
0,8
0,9
1
1,1
4
A 0,1
B 0,5
C 0,8
D 1,1
a)
0
1
A 9,21
B 9,48
C 9,95
D 10,03
b)
9
10

5

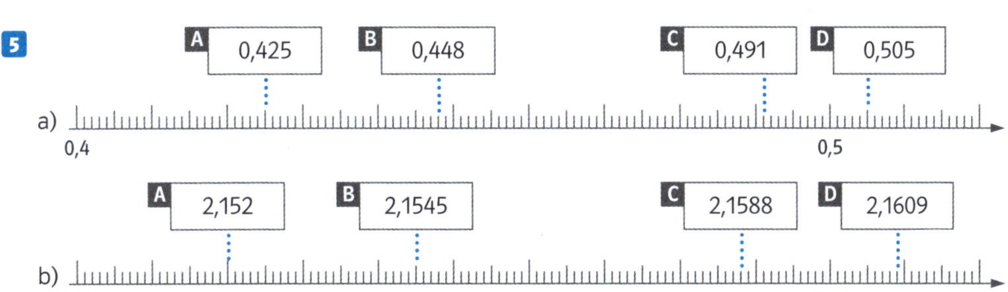

6 a) Alle Dezimalbrüche, die an der ersten Nachkommastelle eine 7 haben, z. B. 0,71; 0,7089; 0,799

b) Alle Dezimalbrüche, die an den ersten zwei Nachkommastellen 27 haben, also 5,271; 5,275; 5,27001

7 a) 1 > 0,1 b) 0,3 < 0,5 c) 0,02 < 0,20
d) 2,3 = 2,300 e) 1,22 > 1,15 f) 0,52 > 0,25
g) 2,006 < 2,06 h) 3,40 = 3,4 i) 0,8 < 0,81

8 a) 0,3 > 0,03 b) 4,567 < 4,657 c) 0,720 < 0,7201
d) 0,002 < 0,020 e) 1,32 = 1,320 f) 3,4509 < 3,451
g) 0,456 < 0,546 h) 1,643 > 1,6043 i) 0,201 > 0,2001

9 a) 0,97 ist größer als 0,75 und kleiner als 0,99.
b) 0,04 ist kleiner als 0,1.
c) 0,6 ist um 0,1 größer als 0,5.
d) 0,4 ist das Gleiche wie 0,40.
e) 0,75 ist fünf Hundertstel größer als 0,7.
f) 0,7 plus 0,3 ist 1.

10

11

12 a) 0,052 < 0,3245 < 0,3254 < 0,45 < 2,043 < 2,5 < 3,024 < 3,245
b) 0,106 < 0,12670 < 0,7 < 1,027 < 1,267 < 1,76 < 2,071 < 2,167

13

Name	Kim	Francis	Justin	Asafa	Shawn	Usain	Maurice
Zeit	10,00 s	9,86 s	9,85 s	9,94 s	9,89 s	9,58 s	9,87 s
Platz	7.	3.	2.	6.	5.	1.	4.

14 a) 1,08 > 0,08 b) 32,75 < 3□,75 alle Zahlen größer als 2, also 3; 4; 5; 6; 7; 8; 9
c) 0,708 < 0,709 d) 0,555 > 0,5□5 alle Ziffern kleiner als 5, also 4; 3; 2; 1; 0

15 0,05 < 0,052 < 0,15 < 0,2 < 0,3 < 0,31 < 0,5 < 0,55 FRIDOLIN

16 a) 2,603 ≈ 3 b) 1,034 ≈ 1 c) 0,93 ≈ 1 d) 0,497 ≈ 0

17 a) 2,34 ≈ 2,3 b) 0,493 ≈ 0,5 c) 1,7801 ≈ 1,8 d) 0,98 ≈ 1,0

18 a) 1,641 ≈ 1,64 b) 0,1267 ≈ 0,13 c) 17,138 ≈ 17,14 d) 0,0954 ≈ 0,10

19 a) 1,2269 ≈ 1,227 b) 0,02399 ≈ 0,024 c) 15,1101 ≈ 15,110 d) 0,6752 ≈ 0,675

20

	auf Einer	auf 1 Nachkommastelle	auf 2 Nachkommastellen
3,456	3	3,5	3,46
1,501	2	1,5	1,50
0,007	0	0,0	0,01
0,642	1	0,6	0,64

21 a) Die Zahl ergibt auf Hundertstel gerundet 0,07.
[x] 0,0749 [x] 0,065 [ ] 0,0751 [x] 0,07399
b) Die Zahl ergibt auf eine Stelle nach dem Komma gerundet 1,1.
[ ] 1,2101 [x] 1,149 [x] 1,05 [x] 1,091

22 a) 1,1500 und 1,2499 b) 2,4950 und 2,5049 c) 0,2995 und 3,004

23 a) 1 b) z. B. 6,321; 6,3201; 6,324
c) z. B. Abrunden von 7,71 oder 7,704 d) 7,66 oder 7,682

3 Dezimalbrüche bei Größen

1 a)

0,00365	km
= 3,65	m
= 36,5	dm
= 365	cm
= 3650	mm

b)

= 0,00107	km
= 1,07	m
10,7	dm
= 107	cm
= 1070	mm

2 a)

0,0003	t
= 0,3	kg
= 300	g
= 300 000	mg

b)

= 0,000 648	t
= 0,648	kg
648	g
= 648 000	mg

3 a) 20 cm = 2 dm b) 15 mm = 1,5 cm c) 123 m = 0,123 km
d) 1267 g = 1,267 kg e) 35 mg = 0,035 g f) 53,6 kg = 0,0536 t
g) 199 ct = 1,99 € h) 75 ct = 0,75 € i) 2 ct = 0,02 €

4 a) 0,69 € = 69 ct b) 12,05 € = 1205 ct c) 0,1 € = 10 ct
d) 2,1 dm = 21 cm e) 0,03 m = 0,3 dm f) 25 cm = 250 mm
g) 0,021 t = 21 kg h) 2,08 kg = 2080 g i) 15,01 g = 15 010 mg

4 Rechnen mit Dezimalbrüchen

1 a) 2,8 b) 4,75 c) 5,825
d) 3,3 e) 9,23 f) 73,267

2 a) 0,9 b) 10,7 c) 9,8
d) 0,37 e) 4,70 f) 19,0

3 a) 1,3 b) 0,45 c) 4,0
d) 26,90 e) 1,09 f) 20,09

4

a) + 0,4 + 0,4	0,8	1,2	1,6	2,0	2,4	2,8
b) + 2,3 + 0,6	2,9	3,5	4,1	4,7	5,3	5,9
c) + 1,5 + 1,5	3,0	4,5	6,0	7,5	9,0	10,5
d) + 1,2 + 1,2	2,4	3,6	4,8	6,0	7,2	8,4
e) + 1,25 + 1,25	2,5	3,75	5,0	6,25	7,5	8,75

5 a) 0,6 + **0,4** = 1 b) 3,2 + **0,8** = 4 c) 8 + **4,7** = 12,7
d) 1,7 + **1,8** = 3,5 e) 9,3 + **1,9** = 11,2 f) **4,9** + 5,2 = 10,1

6 a) 432,1 + 19,87 Überschlag: 430 + 20 = 450
b) 246,135 + 58,97 Überschlag: 250 + 60 + 310
c) 263,15 + 102,876 + 59,81 Überschlag: 260 + 100 + 60 = 420
d) 3,75 + 14,1 + 25,731 Überschlag: 4 + 14 + 26 = 44

7 a)

	4	3	2,	1	
+		$_1$1	9,	8	7
	4	5	1,	9	7

b)

	2	4	6,	1	3	5
+	$_1$	$_1$5	$_1$8,	$_1$8	7	
	3	0	5,	0	0	5

c)

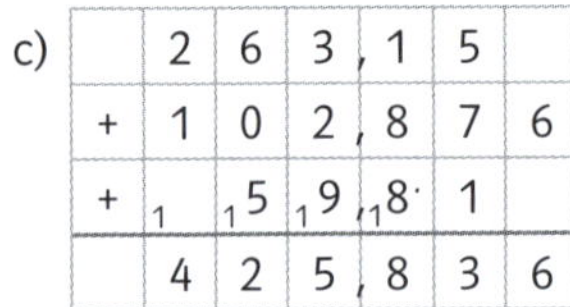

	2	6	3,	1	5	
+	1	0	2,	8	7	6
+	$_1$	$_1$5	$_1$9,	$_1$8	1	
	4	2	5,	8	3	6

d)

		3,	7	5	
+	1	4,	1		
+	$_1$2	$_1$5,	7	3	1
	4	3,	5	8	1

8 a)

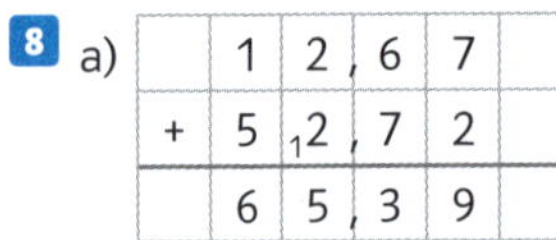

	1	2,	6	7	
+	5	$_1$2,	7	2	
	6	5,	3	9	

Ü: 13 + 53 = 66

b)

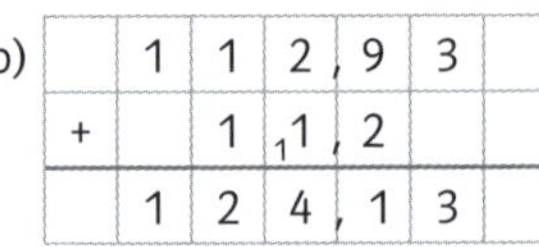

	1	1	2,	9	3	
+		1	$_1$1,	2		
	1	2	4,	1	3	

Ü: 113 + 11 = 124

c)

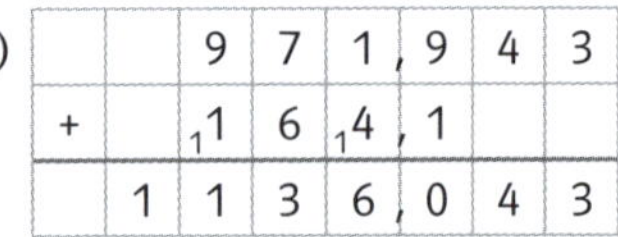

		9	7	1,	9	4	3
+		$_1$1	6	$_1$4,	1		
	1	1	3	6,	0	4	3

Ü: 972 + 164 = 1136

d)

	2	5,	7	5	4
+		4,	8		
+	$_1$	$_1$9,	3	2	
	3	9,	8	7	4

Ü: 26 + 5 + 9 = 40

e)

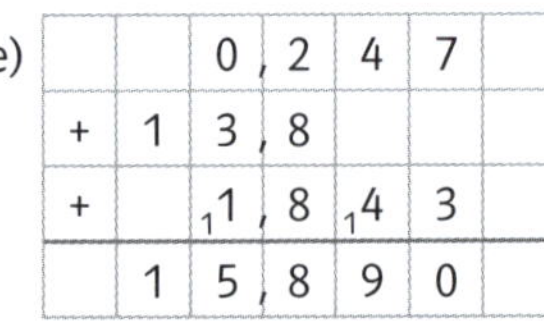

		0,	2	4	7	
+	1	3,	8			
+		$_1$1,	8	$_1$4	3	
	1	5,	8	9	0	

Ü: 0 + 14 + 2 = 16

f)

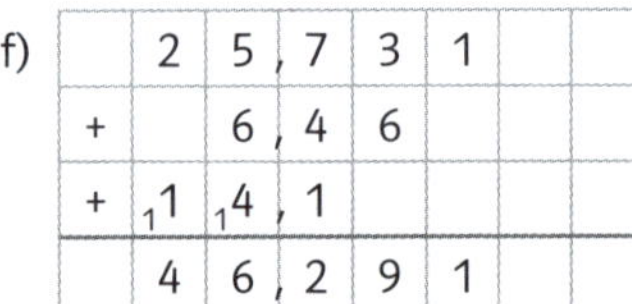

	2	5,	7	3	1		
+		6,	4	6			
+	$_1$1	$_1$4,	1				
	4	6,	2	9	1		

Ü: 26 + 6 + 14 = 46

9

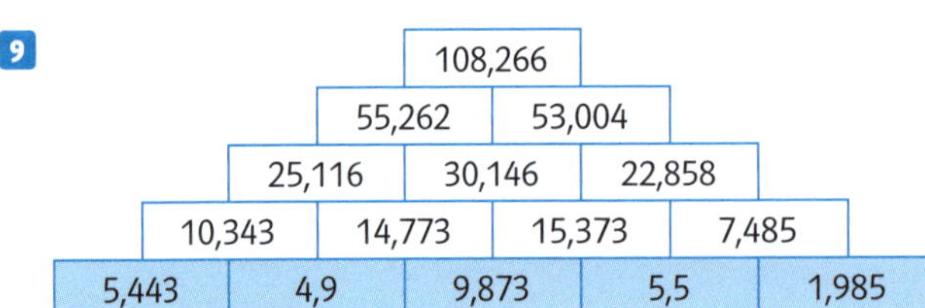

10 a), b)

	Lauf 1	Lauf 2	Lauf 3	Lauf 4	gesamt	Platz
Deutschland 1	51,14 s	51,05 s	51,29 s	51,36 s	204,84 s	2.
Deutschland 2	51,14 s	51,36 s	51,45 s	51,63 s	205,58 s	5.
Kanada 1	51,12 s	51,03 s	51,24 s	51,46 s	204,85 s	3.
Kanada 2	51,24 s	51,29 s	51,50 s	51,54 s	205,57 s	4.
USA 1	50,89 s	50,86 s	51,19 s	51,52 s	204,46 s	1.

c) 204,46 s +   = 204,84 s;   = 0,38 s
Um 0,38 s war der Erste schneller.

11 a) 2,2 + 5,8 = 7,**10**
0,2 + 0,8 = 1,0
also 2,2 + 5,8 = 8,0

b) Die Zahlen stehen nicht stellengerecht untereinander.

	1	, 3	5
+	$_1$3	, 9	
	5	, 2	5

12 a) 6,7 − 5 = 1,7 b) 23,9 − 11 = 12,9 c) 1,12 − 1 = 0,12
d) 25,324 − 15 = 10,324 e) 45,678 − 19 = 26,678 f) 35,25 − 35 = 0,25

13 a) 7,2 − 6,1 = 1,1 b) 5,8 − 1,3 = 4,5 c) 30,9 − 25,4 = 5,5
d) 8,50 − 6,25 = 2,25 e) 6,0 − 4,5 = 1,5 f) 9,75 − 2,68 = 7,07

14 a) 14,7 − 6,7 = 8 b) 1,8 − 0,9 = 0,9 c) 23,4 − 5,6 = 17,8
d) 10,1 − 7,4 = 2,7 e) 10 − 9,99 = 0,01 f) 7,2 − 6,4 = 0,8

15

21,8	19,8	17,8	15,8	13,8	11,8	9,8
10,5	10,0	9,5	9,0	8,5	8,0	7,5
9,6	9,2	8,8	8,4	8,0	7,6	7,2
13,5	12,3	11,1	9,9	8,7	7,5	6,3
1,50	1,35	1,20	1,05	0,90	0,75	0,60

16 a) 87,65 − 43,21
Überschlag: 88 − 43 = 45

b) 64,2 − 35,71
Überschlag: 64 − 36 = 28

c) 527,21 − 126,7 − 11,1
Überschlag: 527 − 127 − 11 = 389

d) 95,223 − 10,37 − 7,9
Überschlag: 95 − 10 − 8 = 77

17 a)

	8	7,	6	5
−	4	3,	2	1
	4	4,	4	4

b)

	5	2	7,	2	1
−	1	2	6,	7	
−	$_1$	$_1$1	$_1$1,	1	
	3	8	9,	4	1

c)

	9	5,	2	2	3
−	1	0,	3	7	
−	$_1$	$_2$7,	$_1$9		
	7	6,	9	5	3

18 a)

	9	7,	5	4	
−	8	0,	$_1$3	6	
	1	7,	1	8	

Ü: 98 − 80 = 18

b)

	1	6	0,	1	6
−		$_1$3	$_1$8,	$_1$3	9
	1	2	1,	7	7

Ü: 160 − 38 = 122

c)

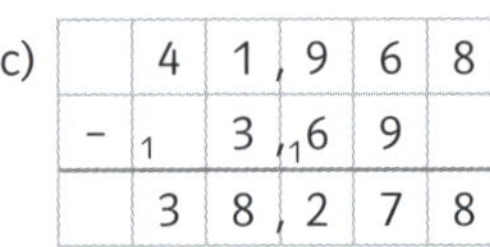

	4	1,	9	6	8
−	$_1$	3,	$_1$6	9	
	3	8,	2	7	8

Ü: 42 − 4 = 38

d)

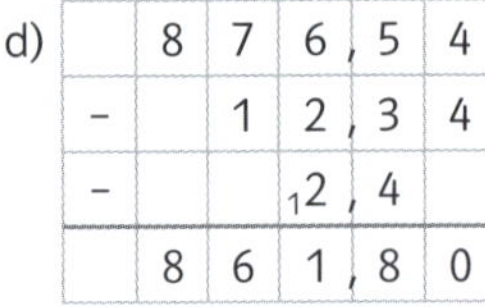

	8	7	6,	5	4
−		1	2,	3	4
−			$_1$2,	4	
	8	6	1,	8	0

Ü: 877 − 12 − 2 = 863

e)

	6	5,	6	5	6
−		3,	2	3	
−	1	$_1$0,	9		
	5	1,	5	2	6

Ü: 66 − 3 − 11 = 52

f)

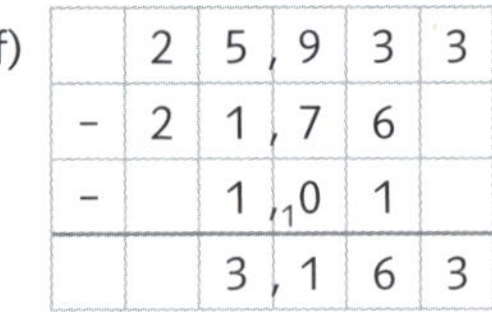

	2	5,	9	3	3
−	2	1,	7	6	
−		1,	$_1$0	1	
		3,	1	6	3

Ü: 26 − 22 − 1 = 3

19 a) 9,4 − 4,7 = ___ = 4,7 b) 10,4 − 6,8 = ___ = 3,6 c) 9,4 − 4,9 = ___ = 4,5
d) 6,3 − 3,6 = ___ = 2,7 e) 8,8 − 3,4 = ___ = 5,4 f) 5,9 + 2,3 = ___ = 8,2
g) 16,6 − 12,8 = ___ = 3,8 h) 0,79 − 0,43 = ___ = 0,36

20 a)

	8	4,	7	6
−	2	3,	6	2
	6	1,	1	4

b) Hier sind alle Zahlen möglich, die sich um 1 unterscheiden, z. B.

	3,	0	7
−	1,	1	3
	1,	9	4

c)

	6,	9	4	8
−	4,	$_1$6	2	
	2,	3	2	8

21 a) 65,4 − 0,3 = 65,1 b) 34,5 − 0,6 = 33,9 c) 45,3 − 0,6 = 44,7

22 a) 35,64 · 10 = 356,4 b) 0,414 · 100 = 41,4 c) 4,85 · 1000 = 4850
d) 2,3 · 10 = 23 e) 0,25 · 100 = 25 f) 0,054845 · 10 000 = 548,45

23 a) 56,7 · 0,1 = 5,67 b) 9,8 · 0,01 = 0,098 c) 9876,5 · 0,001 = 9,8765
d) 0,5 · 0,1 = 0,05 e) 112,93 · 0,01 = 1,1293 f) 27,6 · 0,001 = 0,0276

24 a)

·	10	100	1000	10 000
0,5	5	50	500	5000
1,234	12,34	123,4	1234	12 340
0,0654	0,654	6,54	65,4	654

b)

·	0,1	0,01	0,001
543,2	54,32	5,432	0,5432
27,67	2,767	0,2767	0,02767
9,7	0,97	0,097	0,0097

25 0,52 · 10 = 5,2   5,2 · 10 = 52   5,2 · 0,1 = 0,52
520 · 0,01 = 5,2   0,052 · 1000 = 52   52 · 0,01 = 0,52

26 a) 0,63 · 1000 = 630   b) 1,7 · 0,01 = 0,017   c) 7,2 · 0,01 = 0,072
d) 0,646 · 10 000 = 6460   e) 0,45 · 0,01 = 0,0045   f) 0,0809 · 100 = 8,09

27 a) 0,3 · 5 = 1,5   b) 0,12 · 7 = 0,84   c) 2,1 · 6 = 12,6   d) 0,015 · 4 = 0,060
e) 0,23 · 5 = 1,15   f) 0,2 · 4 = 0,8   g) 1,6 · 5 = 8,0   h) 0,09 · 3 = 0,27

28 a) 0,8 · 0,1 = 0,08   b) 1,1 · 0,9 = 0,99   c) 0,8 · 0,7 = 0,56   d) 0,12 · 0,3 = 0,036
e) 0,2 · 1,5 = 0,30   f) 1,3 · 0,8 = 1,04   g) 0,4 · 0,5 = 0,20   h) 0,35 · 0,2 = 0,070

29 a)

2	0,5	1
0,2	1,2	0,24
0,4	0,60	**0,24**

b)

0,8	1,3	1,04
2,1	0,4	0,84
1,68	0,52	**0,8736**

30 a)

2	5	6	3	·	4	0	1
	1	0	2	5	2	0	0
						0	0
				2	5	6	3
	1	0	2	7	7	6	3

5 Nachkommastellen,
also 2,563 · 4,01 = 10,27763
Überschlag: 3 · 4 = 12

b)

6	1	9	1	·	2	2	3
	1	2	3	8	2		
		1	2	3	8	2	
			$_{2}1$	$_{1}8$	5	7	3
	1	3	8	0	5	9	3

4 Nachkommastellen,
also 61,91 · 2,23 = 138,0593
Überschlag: 62 · 2 = 124

c)

1	2	4	·	7	9
		8	6	8	
		1	1	1	6
		9	7	9	6

4 Nachkommastellen,
also 1,24 · 0,79 = 0,9796
Überschlag: 1 · 1 = 1

d)

3	9	8	2	·	5	9	
	1	9	9	1	0		
	$_{1}$	$_{1}3$	5	8	3	8	
	2	3	4	9	3	8	

3 Nachkommastellen,
also 5,9 · 39,82 = 234,938
Überschlag: 6 · 40 = 240

e)

1	0	4	2	·	5		
		5	2	1	0		

3 Nachkommastellen,
also 10,42 · 0,5 = 5,210
Überschlag: 10 · 1 = 10
oder $10 \cdot \frac{1}{2} = 5$

f)

1	5	9	·	4	8
		6	3	6	
		1	$_{1}2$	7	2
		7	6	3	2

3 Nachkommastellen,
also 15,9 · 0,48 = 7,632
Überschlag: 16 · 0,5 = 8

31 a) 52,731 · 1,32 = **69,60492**
5 Nachkommastellen

b) 0,13 · **9312,4** = 1210,612
3 − 2 = 1 Nachkommastelle

e) **8,02** · 66,39 = 532,4478
4 − 2 = 2 Nachkommastellen

d) 72,71 · **93,01** = 6762,7571
4 − 2 = 2 Nachkommastellen

32 a) Überschlag 10 · 4 = 40, Endziffer 3 · 2 = 6, also 40,446
b) Überschlag 31 · 0,1 = 3,1, also 4,4198
c) Überschlag 40 · 8 = 320, Endziffer 6 · 2 = 12, also 333,432
d) Überschlag 5 · 80 = 400, also 413,40
e) Überschlag 1 · 500 = 500, Endziffer 9 · 4 = 36, also 375,36

33 a) 0,5 · 0,3 = 0,15 b) 7,1 · 10 = 71,0 c) 0,4 · 0,5 = 0,20 d) 0,003 · 3 = 0,009

a) 5 · 3 = 15, 2 Nachkommastellen, also Ergebnis 0,15
b) Hier wurde die Null falsch eingefügt; eigentlich muss man hier nur das Komma verschieben.
7,1 · 10 = 71,0
c) 4 · 5 = 20, 2 Nachkommastellen, also Ergebnis 0,20
d) Hier wurde addiert statt multipliziert. 3 · 3 = 9, 3 Nachkommastellen, also 0,009

34 a) 42,605 : 10 = 4,2605 b) 7,15 : 100 = 0,0715 c) 541,2 : 1000 = 0,5412
d) 0,54 : 10 = 0,054 e) 48,5 : 100 = 0,485 f) 982,31 : 10 000 = 0,098231

35 a) 78,91 : 0,1 = 789,1 b) 0,126 : 0,01 = 12,6 c) 0,23 : 0,001 = 230
d) 2,34 : 0,1 = 23,4 e) 0,25 : 0,01 = 25 f) 0,0112 : 0,001 = 11,2

36

:	10	100	1000	10 000
123,4	12,34	1,234	0,1234	0,01234
56,78	5,678	0,5678	0,05678	0,005678
9,08	0,908	0,0908	0,00908	0,000908

:	0,1	0,01	0,001
23,45	234,5	2345	23 450
0,0321	0,321	3,21	32,1
0,3	3	30	300

37 0,79 : 10 = 0,079 0,079 : 0,001 = 79 0,79 : 0,1 = 7,9
79 : 1000 = 0,079 7,9 : 0,1 = 79 0,0079 : 0,001 = 7,9

38 a) 630 : 1000 = 0,63 b) 1,7 : 100 = 0,017 c) 6,8 : 100 = 0,068
d) 0,45 : 100 = 0,0045 e) 0,646 : 0,001 = 646 f) 0,0809 : 0,01 = 8,09

39 a) 5,5 : 5 = 1,1 b) 12,9 : 3 = 4,3 c) 24,8 : 4 = 6,2 d) 18,6 : 6 = 3,1
e) 0,15 : 3 = 0,05 f) 5,6 : 8 = 0,7 g) 1,12 : 8 = 0,14 h) 0,81 : 9 = 0,09
i) 0,66 : 3 = 0,22

40 a) 426 : 5 = 85,2 b) 42,6 : 5 = 8,52 c) 4,26 : 5 = 0,852 d) 0,426 : 5 = 0,0852
e) 4260 : 50 = 85,2 f) 426 : 50 = 8,52 g) 42,6 : 50 = 0,852 h) 4,26 : 50 = 0,0852

Bei diesen Aufgaben muss man das Komma verschieben.
a) – d) jeweils eine Stelle nach links
e) Hier kannst du jeweils eine Null streichen, also 4260 : 50 = 426 : 5.
f) – h) Komma wieder jeweils eine Stelle weiter nach links

41 a) 30,32 : 8 = **3,97** b) 412,5 : 3 = **137,5** c) **6,828** : 12 = 0,569
d) **32,2** : 5 = 6,44 e) **110,432** : 7 = 15,776 f) 649,8 : 9 = **72,2**

42 a)

3	5,	8	8	:	6	=	5,	9	8
3	0								
	5	8							
	5	4							
		4	8						
		4	8						
			0						

b)

4	9,	6	2	3	:	7	=	7,	0	8	9
4	9										
	0	6									
		0									
		6	2								
		5	6								
			6	3							
			6	3							
				0							

c)

5	3	2,	3	2	:	8	=	6	6,	5	4
4	8										
	5	2									
	4	8									
		4	3								
		4	0								
			3	2							
			3	2							
				0							

d)

3,	5	2	:	5	=	0,	7	0	4
0									
3	5								
3	5								
	0	2							
		0							
		2	0						
		2	0						
			0						

43 a)

4	2,	6	:	1	5	=	2,	8	4
3	0								
1	2	6							
1	2	0							
		6	0						
		6	0						
			0						

b)

0,	3	7	4	:	1	1	=	0,	0	3	4
0											
0	3										
	0										
	3	7									
	3	3									
		4	4								
		4	4								
			0								

c)

9	1	0,	6	5	:	5	0	=	1	8,	2	1	3
5	0												
4	1	0											
4	0	0											
	1	0	6										
	1	0	0										
			6	5									
			5	0									
			1	5	0								
			1	5	0								
					0								

d)

2	8,	0	8	:	1	2	=	2,	3	4
2	4									
	4	0								
	3	6								
		4	8							
		4	8							
			0							

44 a) 15 : 3 = 5 b) 12 : 4 = 3 c) 50 : 1 = 50
d) 20 : 5 = 4 e) 32 : 8 = 4 f) 100 : 25 = 4
g) 60 : 5 = 12 h) 180 : 6 = 30

45

:	0,5	0,05	0,35
3,5	7	70	10
0,35	0,7	7	1

:	0,4	0,04	1,6
4,8	12	120	3
0,48	1,2	12	0,3

46

a) 0,064 —(: 0,2)→ 0,32 —(: 0,2)→ 1,6 —(: 0,2)→ 8

b) 14,4 —(: 1,2)→ 12 —(: 1,2)→ 10

47 a) 22,8 : 4,56
☐ 0,05 ☐ 0,5 ☒ 5 ☐ 50 ☐ 500

b) 1,61 : 0,07
☐ 0,023 ☐ 0,23 ☐ 2,3 ☒ 23 ☐ 230

c) 18,45 : 1,5
☐ 0,0123 ☐ 0,123 ☐ 1,23 ☒ 12,3 ☐ 123

48 a) 7,5 : 0,5 = 15; also 15 · 0,5 = 7,5
b) 13,2 : 1,2 = 11; also 1,2 · 11 = 13,2
c) 0,117 : 0,9 = 0,13; also 13 · 0,9 = 0,117
d) 13,6 : 0,08 = 170; also 170 · 0,08 = 13,6

49 a) 0,1893 : 0,03 =

1	8,	9	3	:	3	=	6,	3	1
1	8								
	0	9							
		9							
		0	3						
			3						
			0						

b) 0,5229 : 0,9 =

5,	2	2	9	:	9	=	0,	5	8	1
0										
5	2									
4	5									
	7	2								
	7	2								
		0	9							
		0	9							
			0							

c) 7,0161 : 0,7 = ?
Rechne: 70,161 : 7 = 10,023

d) 0,5436 : 0,06 = ?
Rechne: 54,36 : 6 = 9,06

e) 6,789 : 0,5 = ?
Rechne: 67,89 : 5 = 13,578

f) 17,484 : 1,2 = ?
Rechne: 174,84 : 12 = 14,57

50 a) 24,684 : 1,1 =

2	4	6,	8	4	:	1	1	=	2	2,	4	4
2	2											
	2	6										
	2	2										
		4	8									
		4	4									
			4	4								
			4	4								
				0								

b) 0,5229 : 0,9 –

5,	2	2	9	:	9	=	0,	5	8	1
0										
5	2									
4	5									
	7	2								
	7	2								
		0	9							
		0	9							
			0							

c) 1,357 : 0,2 =
Rechne: 13,57 : 2 = 6,785

d) 0,2413 : 0,025 =
Rechne: 241,3 : 25 = 9,652

51 a) 24,99 : 7 = 3,57
b) 4,344 : 0,8 = 5,43
c) 0,3681 : 0,09 = 4,09
d) 3,927 : 0,11 = 35,7
e) 0,5535 : 1,5 = 0,369

52 a) 2 − 0,8 = 1,2
b) −0,75 + 4 = 3,25
c) 0,4 − 0,5 = −0,1
d) 2,7 − 0,71 = 1,99
e) −1,25 − 3,45 = −4,7
f) −12,4 − 6,6 = −19
g) −0,6 + 0,7 = 0,1
h) 0,15 − 0,3 = −0,15
i) −5,63 − 21,27 = −26,9

53 a) $12{,}67 - 52{,}72$
$\approx 13 - 53 = -40$
$12{,}67 - 52{,}72 = -40{,}05$

b) $-112{,}93 - 11{,}2$
$\approx -113 - 11 = -124$
$-112{,}93 - 11{,}2 = -124{,}13$

c) $-971{,}943 + 164{,}1$
$\approx -1000 + 200 = -800$
$-971{,}943 + 164{,}1 = -807{,}843$

d) $9{,}32 - 25{,}754 + 4{,}8$
$\approx 9 - 26 + 5 = -12$
$9{,}32 - 25{,}754 + 4{,}8 = -11{,}634$

e) $-0{,}247 - 13{,}8 + 1{,}843$
$\approx 0 - 14 + 2 = -12$
$-0{,}247 - 13{,}8 + 1{,}843 = -12{,}204$

f) $-25{,}731 - 6{,}46 - 14{,}1$
$\approx -26 - 6 - 14 = -46$
$-25{,}731 - 6{,}46 - 14{,}1 = -46{,}291$

54 a) $5 \cdot (-0{,}3) = -1{,}5$
b) $-0{,}75 \cdot 4 = -3$
c) $-24{,}8 : (-4) = 6{,}2$
d) $-0{,}8 \cdot (-0{,}7) = 0{,}56$
e) $-0{,}012 : 4 = -0{,}003$
f) $-0{,}015 \cdot (-4) = 0{,}060 = 0{,}06$
g) $-1{,}12 : (-8) = 0{,}14$
h) $-0{,}35 \cdot 0{,}2 = -0{,}070 = -0{,}7$
i) $0{,}66 : (-3) = -0{,}22$

55

·	0,3	−0,06	−1,2
−0,6	−0,18	0,036	0,72
0,11	0,033	−0,0066	−0,132
−2,5	−0,75	0,15	3

56

:	0,02	−0,6	−1,2
−0,96	−48	1,6	0,8
1,32	66	−2,2	−1,1
−0,72	−36	1,2	0,6

57 a) $-0{,}8 \cdot (1{,}2 - 0{,}7)$
$= -0{,}8 \cdot 0{,}5$
$= -0{,}4$

b) $-5{,}4 : (-3{,}2 - 2{,}8)$
$= -5{,}4 : (-6)$
$= 0{,}9$

c) $-0{,}72 - (-0{,}35 - 0{,}13)$
$= -0{,}72 - (-0{,}48)$
$= -0{,}24$

d) $1{,}82 + (-4{,}3 + 1{,}3)$
$= 1{,}82 + (-3)$
$= -1{,}18$

e) $2{,}8 - (1{,}2 - (8{,}3 - 4{,}3))$
$= 2{,}8 - (1{,}2 - 4)$
$= 2{,}8 - (-2{,}8)$
$= 5{,}6$

f) $(1{,}3 - 5) \cdot (1{,}1 + 2)$
$= -3{,}7 \cdot 3{,}1$
$= -11{,}47$

58 a) $0{,}6 \cdot (-0{,}3) - 1{,}2$
$= -0{,}18 - 1{,}2$
$= -1{,}38$

b) $-3{,}4 - 0{,}4 \cdot 0{,}2$
$= -3{,}4 - 0{,}08$
$= -3{,}48$

c) $-2{,}1 + (-0{,}4) \cdot 1{,}2$
$= -2{,}1 - 0{,}48$
$= -2{,}58$

d) $-1{,}2 + 0{,}3 \cdot (-4) - 0{,}5$
$= -1{,}2 - 1{,}2 - 0{,}5$
$= -2{,}9$

e) $-9{,}5 - 4{,}5 : 3$
$= -9{,}5 - 1{,}5$
$= -11$

f) $-1{,}2 \cdot 5 - 0{,}9 \cdot (-4)$
$= -6 + 3{,}6$
$= -2{,}4$

59 a) $-0{,}3 \cdot (1{,}5 - 0{,}2 \cdot 3)$
$= -0{,}3 \cdot (1{,}5 - 0{,}6)$
$= -0{,}3 \cdot 0{,}9$
$= -0{,}27$

b) $9{,}6 : (-1{,}2 - 9 \cdot 0{,}4)$
$= 9{,}6 : (-1{,}2 - 3{,}6)$
$= 9{,}6 : (-4{,}8)$
$= -2$

c) $1{,}4 \cdot (-2) - (0{,}7 - 0{,}3) \cdot 4$
$= -2{,}8 - (0{,}4) \cdot 4$
$= -2{,}8 - 1{,}6$
$= -4{,}4$

d) $-(4{,}8 - 4{,}2) : (2{,}7 - 1{,}2)$
$= -0{,}6 : 1{,}5$
$= -0{,}4$

e) $4{,}5 : (-0{,}3) + 2{,}5 \cdot 3$
$= -15 + 7{,}5$
$= -7{,}5$

f) $(-1{,}8 + 4 \cdot (2{,}2 - 1{,}4)) - 3{,}3$
$= (-1{,}8 + 4 \cdot 0{,}8) - 3{,}3$
$= -1{,}8 + 3{,}2 - 3{,}3$
$= -1{,}9$

Anwendungsaufgaben

1 $4 \cdot 1{,}26\,€ + 2 \cdot 0{,}59\,€ + 0{,}89\,€ + 3 \cdot 1{,}17\,€ + 1{,}15\,€ + 2{,}40\,€$
$= 5{,}04\,€ + 1{,}18\,€ + 0{,}89\,€ + 3{,}51\,€ + 1{,}15\,€ + 2{,}40\,€$
$= 14{,}17\,€$
$50\,€ - 14{,}17\,€ = 35{,}83\,€$
Frau Herbst erhält 35,83 € zurück.

2 a) $3 \cdot (51{,}003 + 179{,}6) - 32{,}76 = 3 \cdot 230{,}603 - 32{,}76 = 691{,}809 - 32{,}76 = 659{,}049$
b) $(98{,}62 - 45{,}1) \cdot (98{,}62 + 45{,}1) = 53{,}52 \cdot 143{,}72 = 7691{,}8944$
c) $(38{,}7 \cdot 11{,}3) : (38{,}7 + 11{,}3) = 437{,}31 : 50 = 8{,}7462$

3 a) $53{,}42\,km + 48{,}77\,km + 51{,}92\,km + 2 \cdot 45{,}29\,km = 244{,}69\,km$
Insgesamt wurden 244,69 km zurückgelegt.
b) $287\,km - 244{,}69\,km = 42{,}31\,km$
Die letzte Etappe hätte 42,31 km betragen.
c) $244{,}69\,km : 5 \approx 48{,}94\,km$
Die Radfahrer sind im Durchschnitt täglich ca. 48,94 km gefahren.

4 a) $0{,}85\,m \cdot 14 = 11{,}9\,m$
Die Beetumrandung ist 11,9 m lang.
b) $9{,}56 : 0{,}85 = 956 : 85 = 11 + 21 : 85$
Herr Hoffmann benötigt 12 Kantensteine, wobei der letzte Stein auf eine Länge von 21 cm gekürzt werden muss.

5 a) $24 \cdot 60 = 1440$ Minuten gesamte Laufzeit
$398\,km : 1440\,min \approx 0{,}276\,km$ je Minute
In jeder Minute wurden durchschnittlich 0,276 km gelaufen.
b) $398\,km : 74 = 5{,}\overline{378}\,km \approx 5{,}38\,km$
Jeder Schüler lief im Mittel 5,38 km.
c) $398 \cdot 1{,}85\,€ = 736{,}30\,€$
Der Sponsor muss 736,30 € an die Partnerschule überweisen.
d) $800\,€ - 736{,}30\,€ = 63{,}70\,€$
$63{,}70\,€ : 1{,}85\,€/km = 34{,}432\,km$
Um 800 € zu erzielen, hätten die Schüler noch 34,43 km mehr laufen müssen.